영감을 주는 명언의 지혜

영감을 주는 명언의 지혜

한소윤 엮음 | 조혜림 그림

신라출판사

|차례|

1 **인간이 지향해야 할 최고의 가치들!** •9
  진실, 진리, 신앙…

2 **성공과 실패의 모든 것!** •61
  그리고 성공이 주는 알곡, 돈

3 **시간** •125
  미래는 주저하면서 다가오고, 현재는 화살처럼 날아가고,
  과거는 영원히 정지해 있는 것!

4 **인간 정신의 최고의 자양분, 예술!** •161
  그 토양을 이루는 명상과 독서…

5   인생에 주어진 진정한 보석, 우정! • 201

6   우리의 일상을 지배하는 달콤한 환상! • 221
    사랑과 연애… 그리고 남과 여

7   결혼의 실체 & 고달픈 인생의 안식처, 가정! • 265

8   우리의 삶을 가장 인간답게 만드는 것 • 305
    예절과 선행!

9   인간 내면의 다양한 색채들! • 353
    희로애락(喜怒哀樂)

| 머리말 |

"끝없는 열정을 품고 하는 일은 대부분 성공한다."

C. 슈와브가 한 이 말은 시공을 뛰어넘어 오늘에 이르러서도 우리에게 경이롭게 다가온다. 모든 자기 개발서나 성공한 사람들의 전기에는 반드시 열정을 가지라는 가르침이 있다. 사람들은 험난한 세상을 살아가면서 어떤 일도 열정 없이는 불가능하다는 사실을 깨달았을 것이다.

〈영감을 주는 명언의 지혜〉에 실린 명언들은 현대인이라면 꼭 알아야 할 명언들을 에센스만 가려 뽑아 실었다.

대부분의 가정에는 서재나 거실에 수십 권, 많게는 수백 권의 책을 보유하고 있다. 그러나 그 책들은 한 번 읽힌 후에는 책꽂이에 꽂힌 채 먼지와 함께 세월을 보내고 있을 것이다. 그리고 몇 번의 이사와 함께 결국은 재활용 박스에 처박히는 비운을 당한다.

그러나 책 중에는 생필품처럼, 날마다 주인에게 영혼의 비타민제 역할을 하는 책이 있다. 그 책이 바로 〈명언집〉이다.

〈영감을 주는 명언의 지혜〉은 거실의 커피테이블북으로서 손색이 없는 책이다. 온 식구가 아침에 집을 나서기 전에 명언 한 구절을 읽고 하루를 시작한다면 더 알찬 하루를 보낼 수 있을 것이고, 잠자기 전에 〈영감을 주는 명언의 지혜〉을 통해 하루를 마무리한다면 만족한 수면을 취할 수 있을 것이다.

"어떤 것보다 감미로운 즐거움이며, 어떤 것보다 야성적인 슬픔, 그것이 바로 연애이다."

이 명언은 N. 베일리가 쓴 글이다. 대부분의 사랑에 빠진 남녀들은 감미로운 즐거움에 도취해 있지만 때때로 깊은 슬픔을 맛보기도 한다.

만약 사랑에 빠진 독자가 이 책을 읽는다면 "그렇군, 사랑한다는 것은 말할 수 없이 감미롭기도 하지만 슬프기도 해" 하고 객관적으로 자신을 바라볼 수 있을 것이다. 따라서 이 책은 인생의 나침반 역할을 하기에 전혀 부족함이 없다.

〈영감을 주는 명언의 지혜〉을 집어든 순간 당신의 삶은 백년지기를 만난 것처럼 뿌듯함을 느낄 수 있을 것이다.

1

인간이 지향해야 할
최고의 가치들!

진실, 진리, 신앙…

아름다운 것은 진실하고, 진실한 것은 아름답다. - **러스킨**

진실한 사람의 마음은 언제나 평화스럽다. - **셰익스피어**

진실은 우리에게 가장 가치가 있는 것이다. 그러므로 그것을 합리적으로 사용하라. - **마크 트웨인**

시간은 매우 소중하다. 그러나 진실은 그것보다 훨씬 더 소중하다. - **디즈레일리**

참된 삶의 의의는 거짓을 미워하고 진실을 사랑하는 데 있다.
- 브라우닝

진실도 이따금 우리를 다치게 한다. 그러나 금세 낫는 가벼운 상처이다.
- 도로

확실하다고 해서 그것이 결코 진실은 아니다.
- 카뮈

진리는 쓴 약이다. 사람들은 그것을 마셔 우둔함의 병을 고치려 하지 않고 그대로 방치한 채 살아간다.
- 코체프

이 세상의 모든 위대한 진리는 처음에는 모국어로 시작된다.
- 버나드 쇼

많은 사람들은, 예수가 십자가를 지고 고난을 당할 때 어떤 태도를 취했는가. 또 지구가 태양의 주위를 돈다는 사실에 반대해서 갈릴레오를 짐승처럼 끌고 다니지 않았는가. 이 사실을 인정하는 데 50년이 걸렸다. 다수가 옳은 것이 아니라 진리가 옳은 것이다.
- 입센

진리는 안개를 흩어버리지 않고도 그것을 뚫고 반짝이는 등불이다.   - 엘베 스위스

가장 깊은 진리에는 가장 깊은 사랑이 존재한다.   - 간디

사람의 가치는 그가 따르는 진리로써 그 척도를 알 수 있다.   - 러셀

의지가 굳센 사람은 행복할지니 너희는 고통을 겪겠지만 그 고통은 오래 가지 않을 것이다.   - 테니슨

줄기는 자라지만 꽃이 피지 않는 경우가 있다. 그리고 꽃은 피지만 열매를 맺지 않는 경우가 있다. 진실을 아는 사람은 진실을 사랑한다고 말해도 좋다. 하지만 진실을 사랑한다고 해서 진실을 행하고 있다고는 말할 수 없다.   - 공자

진실을 구하기 위해 인간은 두 걸음 앞으로 나서서 한 걸음 뒤로 물러선다. 고뇌와 과실과 삶에 대한 권태가 그들을 뒤로 던져버리지만, 진실에 대한 열망과 불굴의 의지는 앞으로 전진하게 한다.   - 체호프

타인과의 토론에서 일단 화를 내면 그때는 이미 진리를 위한 토론이 아니라 자기 자신을 위한 방어가 되어버린다. - **칼라일**

굳은 결심은 가장 유용한 지식이다. - **나폴레옹**

모든 진정한 기쁨은 진리와 함께 있고, 모든 진정한 행복도 진리와 함께 있다. 진리가 떠나는 날 행복도 우리 곁을 떠난다.
- **로커**

진리를 깨우치는 데 가장 방해가 되는 것은 허식을 좇는 일이다. 그리고 진리를 깨닫는 데 가장 방해가 되는 것은 가식적인 태도이다. - **인도 격언**

몸을 닦고자 하는 사람은 먼저 마음을 닦아라. 마음을 닦고자 하는 사람은 먼저 뜻을 굳건하게 세워라. - **관자**

사람은 홀로 있을 때 가장 정직하다. 혼자 있을 때는 자기 자신을 속이지 못한다. 그러나 타인과 함께 있을 때는 타인을 속이려 한다. 이는 결국 타인을 속이는 것이 아니라 자기 자신을 속이는 것이다. - **에머슨**

지혜는 진리 속에만 존재한다. - **괴테**

많은 사람들이 아름다움과 즐거움과 사랑과 진리를 찾아 헤맨다. 그러나 결국은 그 어떤 것도 얻지 못하고 맨손으로 돌아온다. 그들은 남이 그것을 줄 것으로 믿었기 때문이다. - **멜링**

소년기의 이상주의는 진리를 인식하는 것이며, 그것은 이 세상 어떤 것도 대신할 수 없는 부를 지니고 있다. - **슈바이처**

가슴 아픈 진실이라 할지라도 그것이 진실인 이상 받아들일 가치가 있다. 하지만 그것에 매달리는 것은 바람직하지 못하다.
- B. **러셀**

진실은 언제나 우리들의 가장 가까운 곳에 있다. 다만 사람들이 그것에 관심을 기울이지 않을 뿐이다. - **파스칼**

가장 잔혹한 거짓말은 이따금 침묵 중에 말하여진다. - **스티븐슨**

진리를 등불로 삼고 진리에 의지하라. - **불경**

사람의 행동은 다음 일곱 개의 원인 중 하나, 혹은 그 이상의 원인에 의해 나타난다. 기회, 본성, 강제, 습관, 이성, 정열, 희망이 그것이다.
- 아리스토텔레스

세상에 번민하지 않는 사람은 없다. 번민은 욕심에서 생긴다. 그러나 우리는 다행히 그것보다 강한 것을 가지고 있다. 그것은 진리를 찾아 목말라 하는 마음이다. 만약 진리를 찾는 마음이 욕심보다 약하다면 세상에서 진리의 길을 찾아가는 사람이 얼마나 될까?
- 어거스틴

인간은 진실 앞에서는 얼음같이 차갑지만 허위 앞에서는 불처럼 뜨거워진다.
- 라퐁텐

진리는 시간의 딸이다. 권위의 딸이 절대 아니다.
- 베이컨

진실은 어두운 감정에 빠지는 것을 절대로 용납하지 않는다.
- 홈스

진실이야말로 인간이 지향해야 할 최상의 덕이다. 최상의 덕이야말로 진실이다.
- 우파니샤드

그대가 순진하고 맑고 결백한 마음을 가졌다면 그것은 열 개의 진주 목걸이보다 더 큰 행복을 위한 빛이 될 것이다. 비록 그대가 지금 불행한 환경에 놓여 있다 할지라도 그대의 마음이 진실하다면 아직도 힘찬 희망을 가지고 있다는 증거이다. 왜냐하면 진실한 마음에서만 인생을 헤쳐 나갈 지혜가 나올 수 있기 때문이다. 아무리 지위가 높고 지식이 많다 할지라도 진실을 잃는다면 그 지위도 지식도 그대를 떠날 것이다. - **페스탈로치**

종교에서는 신성한 것만이 진실이고, 철학에서는 진실한 것만이 신성한 것이다. - **포이에르 바흐**

술은 강하다. 대통령은 더 강하다. 여자는 더욱더 강하다. 그러나 진리는 그 모든 것보다 더 강하다. - **루터**

진실은 훌륭한 웅변과 미덕의 비결이며, 또한 윤리적 근거의 바탕이고, 예술과 인생의 극치이다. - **아미엘**

깊은 밤, 사람들이 잠들어 있을 때 홀로 앉아 마음을 살펴보면 비로소 망령된 생각이 없어지고 진실한 마음이 나타남을 깨닫게 된다. - **슈바이처**

해결할 수 없는 문제에 대한 이해할 수 없는 대답, 그것이 철학이다.　　　　　　　　　　　　　　　　　　　　　　- 헨리 애덤스

진실은 빛과 같이 눈을 어둡게 한다. 반대로 거짓은 아름다운 저녁 노을과 같이 모든 것을 아름답게 보이게 한다.　　　- 카뮈

진실이 남아 있는 한 가면은 찢겨져 벗겨진다.　　- 루크레티우스

진리는 연령에 구애받지 않는다.　　　　　　　　　　　　- 로댕

진리, 그 모든 것이 미발견된 채 나의 앞에 가로누워 있다. - 뉴턴

내 이야기가 잘못 전해져 사랑받느니보다 내 진실한 모습으로 증오를 받는 편이 낫다.　　　　　　　　　　　　　　　- 하이네

사람의 진정한 마음을 알려거든 그 사람의 얼굴을 응시하라. 왜냐하면, 사람은 얼굴보다는 말을 훨씬 더 잘 꾸미기 때문이다.
　　　　　　　　　　　　　　　　　　　　　　　　- 체스터필드

우리의 지혜가 깊으면 깊을수록 우리는 더욱 관대해진다.
- **스탈 부인**

진실을 밝힐 용기가 부족한 사람은 항상 거짓말을 한다. - **밀러**

진실은 오직 한 여성만을 사랑할 줄 아는 남성을 만들고, 근면은 무슨 일이든지 한 가지 일에 몰두하는 천재를 만든다.
- **서양 격언**

사람이 거짓말을 하고 난 뒤에는 뛰어난 기억력이 필요하다.
- **코르네유**

거짓말쟁이의 목표는 단순히 사람의 이목을 끌어 그들을 기쁘고 즐겁게 하는 것이다. - **와일드**

사랑과 부귀보다 더 중요한 것은 진실이다. - **솔론**

정직한 길은 걸어가기가 험난하다. - **밀턴**

정직한 사람은 어린이와 닮은 데가 있다.   - **마르틸리스**

정직한 사람은 타인에게 모욕을 주는 결과를 초래하더라도 진실을 말하며, 잘난 척하는 사람은 모욕을 주기 위해서 진실을 말한다.   - **헤즐릿**

정직한 사람은 신이 창조한 가장 고귀한 작품이다.   - **주베르**

용서하는 것이 용서받는 것보다 낫다. 우리는 끊임없이 용서해야 한다. 그럼으로써 우리 자신도 누군가로부터, 또는 신으로부터 용서받을 수가 있다.   - **러셀**

악에 굴복하지 말고 더욱더 용감하게 공격하라.   - **베르길리우스**

악한 사람이 어진 사람을 해치는 것은 마치 하늘을 우러러 침을 뱉는 것과 같다. 침은 하늘에는 닿지 않고 자기에게 떨어질 것이요, 또 바람을 거슬러 티끌을 날리는 것과 같아서 다른 사람에게 닿지 않고 돌아와 자기에게 모인다. 따라서 어진 자는 결코 해칠 수 없으며, 화는 반드시 자기를 멸한다.   - **법구경**

가장 뛰어난 예언자는 과거이다. － 바이런

악은 필요하다. 만약 악이 존재하지 않는다면 선 역시 존재하지 않는다. 악이야말로 선의 유일한 존재이다. － 아나톨 프랑스

악행은 덕행보다 언제나 쉽다. 그것은 모든 것의 지름길로 가기 때문이다. － 존슨

모든 죄악의 기본은 조바심과 게으름이다. － 카프카

거짓으로 속이는 것이 악당의 본질이다. － 키케로

악한 마음으로 말을 하거나 행동하면 죄와 괴로움이 따른다. 마치 수레 뒤에 바퀴 자국이 따르듯이. － 법구경

악의 근원을 우리 마음 바깥에서 찾는 것은 위험하다. 그렇게 되면 참회를 쉽게 할 수 없게 된다. 우리들의 악의 근원은 마음 속에서 찾아야 한다. 그렇게 되면 참회도 쉽게 할 수 있다.
－ 로벨트슨

지옥으로 가는 길은 여행하기가 쉽다.　　　　　　　　　- 비온

쓰러진 사람의 등에 짐을 얹는 것은 잔인한 일이다.- 셰익스피어

악으로부터의 해방은 참된 선의 시작이다.　　　　　- 호라티우스

하나의 과오를 용서하는 것은 많은 범죄를 북돋우게 된다.
　　　　　　　　　　　　　　　　　　　- 푸블릴리우스 시루스

타인이 고생하고 있는 것을 보면 어떤 때는 무한한 동정심이 샘솟을 때가 있으나 다른 한편으로는 그것을 보고 가장 참혹한 기쁨을 느끼는 때도 있다.　　　　　　　　　- 쇼펜하우어

악은 그 스스로가 보기 흉하다는 것을 잘 알고 있다. 그래서 가면을 쓴다.　　　　　　　　　　　　　　- 프랭클린

복수할 때 인간은 그 원수와 같은 수준이 된다. 그러나 용서할 때는 그 원수의 위에 서 있다.　　　　　　　　　- 베이컨

우리가 흔히 악하다든지 선하다든지 하는 말을 자주 쓰고 있지만 그 기준은 뚜렷하지 않다. 이를테면 살인을 저지르는 것은 죄악이지만 전쟁터에서는 사람을 많이 죽여야 공로가 큰 것처럼 선악의 구별은 분명하지 않다.   - **청담조사**

사람의 선과 악은 그 사람의 마음 안에 있다.   - **에픽테토스**

악인은 언제나 악하지만 성자를 가장할 때가 가장 악하다. - **베이컨**

악행은 자기 자신에게로 반드시 되돌아온다.   - **밀턴**

백색이 흑색을 변화시킬 수 없고, 인간의 선이 악을 보상하지도 용서하지도 못한다. 인간이 해야 할 일은 무서운 선택뿐이다.
   - **브라우닝**

악인의 행복은 시냇물과 같이 흘러 사라진다.   - **라신**

자기 자신의 죄악을 숨기기 위해서 거짓을 꾸미고 자기의 주장을 세우기 위하여 거짓 진리를 억지로 우기는 것, 그것은 하나의 죄 위에 또 하나의 죄를 보태는 것이다.   - **법구경**

죄는 미워하되 인간은 미워하지 말라. - 세네카

죄가 금지되어 있는 까닭에 손상되는 것이 아니라, 손상된 까닭에 금지되어 있는 것이다. - 프랭클린

도피는 죄의 자백이다. - J. C. 데이경

죄는 탈없이 보호될 수 있지만 근심으로부터 해방될 수는 없다. - 세네카

범죄는 그 누구에게도 합법적일 수가 없다. - 키케로

한 사람의 무고한 자를 괴롭히는 것보다는 열 사람의 죄인을 놓치는 것이 낫다. - 블랙스턴

인간이 호랑이를 죽이려고 하는 경우에는 그것을 자신의 위안으로 생각하지만 그 호랑이가 인간을 죽이려고 하면 사람들은 그것을 모질다고 한다. 죄악과 정의도 그런 것이다. - 버나드 쇼

범죄자의 이름이 클수록 그 죄상은 더욱 뚜렷해진다. - **유베날리스**

우리가 홀로 자기 자신의 잘못을 알고 있을 때에는 우리는 자신의 잘못을 아주 쉽게 잊어버리게 된다. - **라 로슈푸코**

죄는 죄를 동반하고 있는 까닭에 언제까지나 죄가 계속되는 법이다. - **톨스토이**

어려서부터 배운 것들은 성품의 일부가 되어버린다. - **오비디우스**

자기 자신의 죄를 뉘우치는 사람은 죄를 벗어난 것이나 마찬가지다. - **세네카**

이기주의는 유일하고 진정한 무신론이며, 대망과 이타주의는 유일하고 진정한 종교이다. - **장월**

한 알의 능금이 썩으면 같이 있는 다른 능금도 함께 썩어버린다. - **서양 속담**

세상의 모든 죄악은 한 개의 사과로 말미암아 초래되었다.
- **서양 격언**

죄책감의 기원에는 두 가지가 있음을 알 수 있다. 하나는 권위에 대한 불안에서 생기는 것이며, 또 하나는 그보다 뒤의 초자아에 대한 불안에서 생기는 것이다. - **프로이트**

모르고 악한 일을 한 후 즉시 이를 후회하고 새롭게 마음을 다 진다면 신은 그 사람을 용서하리라. 그러나 거듭 말하건대 악한 일을 계속하는 자는 반드시 그 벌을 받으리라. - **코란**

한 가지 범죄로 만족하는 사람을 본 적이 있는가? - **유베날리스**

죄는 신도 인간도 용서해줄 수 없는 것이다. - **A. 테니슨**

사람은 누구나 자기 등에 죄악의 다발을 지고 다닌다. - **J. 플레쳐**

우리가 이성을 떠날 때 죄악을 범하기 쉽다. 우리가 이성에만 치우쳐 있을 때 역시 죄악을 범하기 쉽다. - **파스칼**

모든 것은 마음가짐에 따라 이루어진다. 사악한 마음으로 말을 하거나 행동을 한다면 괴로움이 그 사람을 따라다닌다. 반대로 깨끗한 마음으로 말을 하거나 행동을 한다면 행복과 보람이 그 사람을 따라다닐 것이다. - **법구경**

사람들은 자신들의 위신을 세우기 위해서 엄청나게 비열한 짓을 하기도 한다. - **버나드 쇼**

게으른 사람이 이 세상에서 성공을 거둔 예는 한 번도 없었다. 왜냐하면 게으름과 졸음은 이미 반 죽음이 된 상태와 조금도 다름이 없기 때문이다. - **히라버턴**

죄를 저지르는 것은 사람이 하는 일이며, 자기의 죄를 정당화하려는 것은 악마의 일이다. - **톨스토이**

악인 줄 알고 행하는 것은 악이 아닌 줄 알고 행하는 것보다 낫다. 왜냐하면 악이란 무기를 말하기 때문이다. - **소크라테스**

죄는 주인을 찾는다. - **공자**

천재지변은 피할 길이 있으나 자기가 뿌린 재난은 피할 길이 없다.
- 맹자

많은 사람들이 상류 사회의 죄악은 엄격히 저울에 달지만 자신의 생활 속에 묻힌 죄악은 불문에 부친다. 정부나 사회 내부의 죄악은 알면서 자기 마음속에 깃든 죄악에는 뚜껑을 덮고 있다.
- 빌리 그레이엄

악은 한 번 당당하게 직면하면 악이 아니게 된다. - 칼라일

한 번 용서받은 잘못은 다음에 또다시 저지른다. - G. 히비

재판은 가끔 죄악의 노예가 된다. 법을 바로잡으려고 하다가 그만 죄로 끌려들게 된다.
- 톨스토이

용서는 곧 사랑이다. 사랑이 없는 사람은 남을 쉽게 용서하지 못한다. 용서하는 마음은 곧 참되게 받아들이는 마음이다.
- 브하그완

이기주의는 인류 최대의 화근이다. - 글래스턴

악행은 단순한 소유욕에서부터 빚어진다. - **마르켈리누스**

욕은 한번에 세 사람에게 상처를 준다. 욕하는 사람, 욕을 전하는 사람, 욕을 듣는 사람이 그들이다. 그러나 이 중에서도 가장 심하게 상처를 입는 사람은 바로 욕설을 한 당신 자신이다.
- **몰턴**

불은 불로서 끌 수 없고, 물은 물로서 씻을 수 없는 것과 같이 원망은 원망으로, 악은 악으로 갚으면 안 된다. - **불경**

어리석은 사람은 악한 일을 하고도 깨닫지 못하고, 그 자신이 지은 업에 대해서 일어나는 불길에 자신의 몸을 태우며 괴로워한다. - **불경**

악은 사랑의 결핍에서 생기기도 하지만 사상의 결핍에서도 생긴다. - **후드**

사람은 외부에서 일어난 죄악이나 잘못에 관해서는 크게 분개하면서도 자기 자신이 저지른 죄악이나 잘못에 관해서는 모르는 체 묻어둔다. - **파스칼**

악이 악이라는 것을 알거든 행하지 말라. 선이 선이라는 것을 알거든 행하라. 그러면 마음의 더러움이 차츰 없어져 갈 것이다.
- **법구경**

자신의 힘으로 악을 구별하여 선을 행할 수 있다면 진정 자유를 얻을 수 있다.
- **세네카**

악은 일정하게 정해진 형태가 없이 늘 사람들 사이를 헤매고 다닌다.
- **불경**

누구도 단번에 몹쓸 인간이 된 적은 없다.
- **유베날리스**

남을 이해하고 관용을 베푸는 것, 그것은 곧 자연의 순리에 따르는 것이다. 이러한 사람의 일생은 강물이 흐르듯이 거침이 없다.
- **브하그완**

타인에게 관대한 마음을 품을 수 있다면 이미 그 사람의 앞길에는 발전만이 있을 뿐이다. 그러나 이와 반대인 경우는 항상 끝없는 어둠만이 되풀이될 뿐이다.
- **대망경세어록**

죄의식이 인간을 범행으로 밀어내는 경우가 많다. - 프로이트

속인 자를 속이는 것은 이중의 기쁨이다. - 라 퐁텐

사람들은 사악함을 모르는 것이 아니다. 이를 알면서 행한다. 또한 선을 모르는 것이 아니다. 문제는 알면서 행하지 않는 것이다. - **법구경**

모든 범죄의 원천은 사리 분별의 결여와 이성의 착오, 혹은 정열의 폭발적인 힘 속에 있다. - **홉스**

죄를 범하는 것은 인간적이다. 그러나 확실히 끈질기게 죄를 저지르는 것은 악마의 장난이다. - 초서

무지한 활동가보다 무서운 것은 없다. - 괴테

죄를 지을 수 없을 때 죄를 짓지 않는 것은 죄가 그를 피한 것이지 그가 죄를 피한 것이 아니다. - 아우구스티누스

그 사람이 행한 악은 그 사람의 마음을 상하게 하며, 그 사람의 행복을 앗아가고 만다. 그것은 언제나 악을 행한 사람 자신에게 되갚아져 돌아오기 때문이다.   **- 불경**

악이란 무엇인가. 약함과 어리석은 판단에서 생기는 모든 것이다.   **- 니체**

악은 아주 상냥한 태도를 지닌 녀석이어서 그것을 보면 볼수록 끌리는 힘이 있다.   **- 둘리**

악마가 인간을 유혹하지는 않는다. 오히려 악마를 유혹하는 것은 인간이다.   **- 조지 엘리엇**

용서하는 것은 좋은 일이다. 그러나 잊는 것은 더욱 좋은 일이다.   **- 브라우닝**

당신에게 죄를 지은 사람이 있거든 그가 누구이든 그것을 잊어버리고 용서하라. 그때 당신은 용서한다는 것의 행복감을 알 것이다.   **- 톨스토이**

용서받으려면 먼저 용서하라.   **- 세네카**

과실을 범하는 사람은 인간적이다. 그러나 용서하는 것은 신적이다.   **- A. 포**

관용이란 무엇인가. 그것은 지극히 인간적인 것이다. 우리는 모두 섬세한 과오들로 만들어져 있다. 우리는 어리석음을 서로 용서한다. 이것이 자연 제일의 법칙이다.   **- 볼테르**

신은 우리에게 악을 보냄과 동시에 악을 정복하는 무기도 같이 보냈다.   **- 캐럴**

다른 사람이 나를 속이고 있다는 것을 안다 할지라도 이를 탓하지 말고, 나를 모욕하는 일이 있다 할지라도 이를 용서할 수 있는 사람의 마음은 말할 수 없이 깊고 넓다.   **- 채근담**

용서는 보복보다 낫다. 용서는 온화한 성격의 증거이지만 보복은 야만적인 성격의 신호이기 때문이다.   **- 에픽테토스**

신이 남자가 되었을 때 악마는 이미 여자가 되어 있었다.
- *스페인 격언*

가장 훌륭한 사람은 모든 사람을 사랑하는 사람이다. 그리고 그들은 좋은 사람이든 나쁜 사람이든 가리지 않고 모두에게 선을 베푼다.
- *마호메트*

증오란 정당한 것이다. 부정을 미워할 줄 모르는 사람은 정의를 사랑하지 못한다.
- *로맹 롤랑*

사람은 부정한 일을 해서는 안 된다. 또한 부정을 부정으로 갚아서도 안 된다.
- *소크라테스*

어리석은 행동의 제1단계는 자기 자신의 현명함에 도취되는 것이고, 제2단계는 그것을 고백하는 것이며, 제3단계는 충고를 귀담아 듣지 않는 것이다.
- *프랭클린*

악인은 타인을 해치기 전에 자기 자신을 먼저 해친다.
- *성 어거스틴*

하느님은 악을 만들어냈으면서 그 자신은 악에 물들지 않았다.
- 간디

지극히 높은 현인이 무엇을 생각하고 무엇을 걱정하랴. 무식한 사람은 아는 것도 없고 생각도 없는지라 감히 함께 학문을 논할 수도 있고 공을 세울 수도 있다. 그런데 어중간한 사람이란, 생각과 지식이 많기에, 또한 억측과 시기도 많아서 일마다 함께 하기가 어려운 법이다.
- 채근담

재능은 스스로 가꾸어지고 성격은 세상의 거센 파도에 씻기면서 만들어진다.
- 괴테

어리석은 사람과 현명한 사람은 탄생과 죽음에 있어서는 별반 차이가 없다. 다만 그들은 인생의 경주에서 차이가 난다.
- T. 플러

모든 사람을 좋게 말하는 인간을 신뢰하지 말라. - 콜린스

고난의 시기에 동요하지 않는 사람, 그런 사람은 진정 칭찬받을 만한 뛰어난 인물이란 증거이다.
- 베토벤

위대한 것은 단순하게 말해야 효과가 있고, 강조를 하면 망치고 만다. 그러나 사소한 것은 표현과 어조를 고상하게 해야 한다.
- **라 브뤼에르**

사람은 죄책감 없이 악행을 저지르기 위해서 이따금 선한 일을 한다.
- **라 로슈푸코**

용서받을 수 없는 유일한 악은 위선이다. 위선자의 후회는 그 자체가 위선이다.
- **W. 헤즐릿**

소크라테스처럼 자신이 가진 지혜는 가치가 없다고 생각하는 사람이야말로 가장 현명한 사람이다.
- **플라톤**

사나운 새가 앞으로 나아가려고 할 때는 낮게 날면서 날개를 거두고, 사나운 짐승이 덮치려 할 때는 귀를 드리우고 엎드린다. 성인이 앞으로 나아가려고 할 때는 반드시 어리석은 체한다.
- **강태공**

높은 나무의 열매를 바라보면서 그 높이를 헤아리지 않는 사람은 어리석은 사람이다.
- **O. C. 루푸스**

비교는 친구를 적으로 만든다. - 필레몬

우리는 현명해지기 위해서 먼저 어리석은 사람이 되어야 한다. 스스로를 이끌기 위해서는 먼저 장님이 되어야 한다. - **몽테뉴**

긴 세월 동안 인간성에 대해 연구를 해본 결과, 우수한 사람과 평범한 사람의 차이는, 하나의 특징 유무로 결정된다는 사실을 확인하였다. 그것은 '호기심'이었다. 우수한 사람들은 대부분 많은 호기심을 가지고 있었으나 평범한 사람은 이것이 거의 없었다. - **찰스 부로**

훌륭한 사람이 저지르는 잘못은 존경할 만한 가치가 있다. 그것이야말로 하찮은 사람의 진실보다도 더 유익하기 때문이다.
- **니체**

전세계를 알면서도 자기 자신을 모르는 자가 많다. - **라 퐁텐**

여자처럼 약한 마음을 토로하지 않는 것이 좋다. - **로맹 롤랑**

현명하게 되는 비결은, 못 본 체해야 할 때를 아는 것이다.
- **W. 제임스**

현명한 사람이 7년 동안 질문하는 것을 어리석은 사람은 한 시간만에 그보다 더 많은 질문을 한다. **- 존 레이**

진리는 현명한 사람을 위해서 존재하고, 미(美)는 그것을 느끼기 쉬운 마음을 위해서 존재한다. 진리와 미(美)는 상호 보완적 관계이다. **- 베토벤**

약속을 지키는 최상의 방법은 되도록이면 약속을 하지 않는 것이다. **- 나폴레옹**

훌륭한 사람이라고 해서 보통사람보다 용기가 더 있는 것은 아니다. 단지 이들 훌륭한 사람은 약 5%쯤 용기가 더 있을 뿐이다. **- 에머슨**

겁쟁이는 죽음에 앞서서 여러 차례 죽지만, 용기 있는 자는 한 번밖에 죽지 않는다. **- 셰익스피어**

인류가 어디로 갈 것인지 아는 사람은 아무도 없다. 진정 가치 있는 지혜는 당신이 어디로 가야 하는지 깨닫게 해준다.

- 톨스토이

세 사람이 이야기하고 있을 때 세 가지의 의견이 있을 경우, 당신의 견해가 비록 옳다 하더라도 무리하게 타인을 설득시키려고 하는 것은 현명한 일이 못 된다. 많은 사람들은 설복당하기를 싫어하기 때문이다. 설복이란 못질과 같아서 두들기면 두들길수록 깊은 상처를 낼 뿐이다. 진리는 시간이 흐른 후 저절로 밝혀진다.
- 스피노자

자기 자신을 현명하다고 생각하는 사람이야말로 진정한 바보라고 할 수 있다.
- 볼테르

어리석은 사람들은 서로를 헐뜯지만, 지혜로운 사람들은 서로 화합한다.
- 허버트

우리들은 위인에게 다가서면 다가설수록 평범한 사람이란 것을 명확히 알게 된다. 하인에게 있어서 주인이 훌륭하게 보이는 것은 드문 일이다.
- J. 드라이든

수치심은 언제나 거짓말로 빠져들 약점을 가진다. - 스탕달

이해가 부족한 사람이 오해가 많은 사람보다 낫다. - 아나톨 프랑스

훌륭한 사람은 일반적으로 전혀 알려지지 않거나 나쁜 사람으로 잘못 알려진다.
- **칼라일**

정신적 위대함을 지닌 남성이란 많은 것을 느끼고 자제하고 말을 삼가며, 사상에 있어서는 순결하여 조금도 잘난 체 떠벌리지 않고, 눈으로 심오한 사상을 말하며 과장이 없는 자를 말한다.
- **작자 미상**

많이 용서하는 사람은 많이 용서받는다. - **베일리**

이기주의자는 타인의 이기주의를 용납하지 못한다. - **조지프 루**

어리석은 자는 이따금 어려운 것을 쉽게 생각해서 실패하고, 현명한 자는 때때로 쉬운 것을 너무 어렵게 생각해서 실패한다.
- **콜린스**

누구나 화를 낸다. 그것은 아무나 할 수 있는 일이다. 그러나 적당한 대상에게, 적당한 시간에, 적당한 목적과 방법으로 화를 내는 것은 모든 사람들이 할 수 있는 일이 아니며 결코 쉬운 일도 아니다.
- **아우렐리우스**

세상에는 네 가지 유형의 사람들이 있다. 즉, 사랑에 빠진 사람, 기회주의자, 방관자, 바보. 그 가운데서 가장 행복한 사람이 바보이다. － H. A. 텐

화를 내야 할 때 웃는 사람을 조심하라. － 서양 속담

누구나 슬기로운 사람이 되기를 원한다. 그러나 슬기롭지 못한 사람은 언제나 교활하다. － 새뮤얼 존슨

현명한 사람과 지식을 갖춘 사람은 구별된다. 누구든지 지식을 갖출 수는 있지만 현명한 사람이 되기는 어렵다. － 라 브뤼에르

모든 천재는 동료들과 다른 각도로 세상을 본다. 여기에 그의 비극이 있다. － 엘리스

훌륭한 것은 무엇이든지 졸지에 생기지 않는다. '무화과를 먹고 싶다' 고 지금 당신이 나에게 말한다면 '시간이 걸린다' 라고 나는 대답할 것이다. 먼저 나무에 꽃이 피고 나서 열매가 맺어지고 마지막으로 열매가 익어야 한다. － 에픽테토스

누구나 두 주인을 섬길 수는 없다. 한 주인을 사랑하면 다른 주인을 싫어하게 되고, 한 주인에 충실하면 다른 주인을 소홀히 하기 때문이다. 당신은 신과 황금을 동시에 섬길 수는 없는 것이다.
- 성서

훌륭한 사람은 죽은 후에 다른 사람들을 얼떨떨하게 한다.
- 발레리

다른 사람들의 잘못은 잘 알면서 자신의 잘못은 잊어버리는 것이 어리석은 사람의 특성이다.
- 키케로

그대에게 잘못을 저지른 사람이 있거든, 그가 누구이든 그것을 잊어버리고 용서하라. 그때 그대는 용서한다는 행복을 알 것이다. 우리에게는 남을 책망할 수 있는 권리가 없다.
- 톨스토이

모든 일을 용서받는 청년기는 아무것도 스스로 용서치 않으며, 스스로 모든 일을 용서하는 노년기는 아무것도 용서받지 못한다.
- 버나드 쇼

진정으로 신을 사랑하는 자는 신에게 자기를 사랑해달라고 애원하지 않는다.
- 스피노자

사랑하는 동안에만 용서할 수 있다. 용서하는 것은 가장 고결하고 아름다운 사랑의 형태이다. 용서는 이 세상에서 듣지 못할 평화와 행복을 그 보답으로 준다. - **로버트 뮬러**

어질고 현명하도다. 회(回)여! 한 그릇의 밥과 한 국자의 죽이라는 보잘 것 없는 끼니에 사는 곳도 허름하구나. 다른 사람 같으면 견디지 못하였으리라. 그러나 회는 그것을 오히려 즐겁게 생각하고 불평을 하지 않으니 참으로 어질고 현명하도다. - **공자**

위대한 신앙은 곧 위대한 희망이다. 그것은 응원자로부터 멀어짐에 따라 더욱더 분명한 것이 되어간다. - **아미엘**

단 하나의 완전한 기도는 하늘에 고마워하는 마음뿐이다. - **레싱**

이 세상에서 육체는 아직 행복하지 않은데 영혼이 먼저 행복하다면 수치이다. - **아우렐리우스**

신앙에서 오는 용기는 비록 그것이 사이비 종교일지라도 노여움에서 오는 용기보다도 훨씬 강하다. - **작자 미상**

종교가 없는 과학은 절름발이이고 과학이 없는 종교는 장님이다. **- 아인슈타인**

대지가 자신이 키운 아름다운 식물에 의해 장식되는 것처럼, 세계는 그의 마음속에 살고 있는 신의 사랑에 의해 장식된다.
- 프라나

우리에게는 이미 종교가 없다. 영원의 낙원과 지옥의 신의 율법은 처세철학의 법칙으로 대치되었다. 이 철학은 선행과 도덕성에 의해 주어지는 기쁨에 대해서는 거의 존경의 태도를 보이지 않는다. 오로지 이해득실만을 그 바탕으로 삼고 있다. **- 칼라일**

종교를 믿도록 강요하는 것은 종교의 역할이 아니다. **- 라이티우스**

만일 당신의 행동이 비굴하고 천박하다면, 자랑스러운 기사도 적 기백을 가질 수 없다. 인간의 행동은 어떤 것이건 간에 그의 정신에서 나오기 때문이다. **- 데모스테비스**

지옥에는 세 개의 문이 있다. 육욕과 분노와 탐욕이 그것이다.
- 바가바드기타

신이 있다면 죽는 것도 즐겁지만 신이 없다면 사는 것도 슬프다.
- 아우렐리우스

무엇이든 말해야겠다는 생각으로 설교하지 말고, 꼭 말할 것이 있을 때 설교하라.
- 훼이틀리

마음보다 더 잔인한 무기는 없다.
- 장자

인간은 종교의 시초이며, 종교의 중심이자 종교의 끝이다.
- 포이에르바흐

무신론은 인간의 마음보다는 입술에 있다.
- 베이컨

하느님의 오른손에서 빠져 나온 자는 왼손에 잡힌다. - 작자 미상

'행동하는 자는 항상 양심이 없다' 라고 괴테는 말했다. 그런데 행동하는 자는 대부분 지식이 없다. 그들은 하나의 일을 하기 위해서 다른 것은 잊어버린다. - 로크

남몰래 슬퍼하는 자가 진심으로 슬퍼하는 자다.　- **마르티알리스**

무지가 과오보다 낫다. 그릇된 것을 믿는 자보다는 아무것도 믿지 않는 자가 진리에 가깝다.　　　　　　　　　- **제퍼슨**

대부분의 사람들은 상황이 어려워지면 의심이 많아진다.
　　　　　　　　　　　　　　　　　　　- **테렌티우스**

향기가 인간의 정신을 상쾌하게 하듯 기도는 인간의 마음에 희망을 북돋아준다.　　　　　　　　　　　　　- **괴테**

사람을 경건하게 하는 사람이 훌륭한 설교자이다.　- **세르반테스**

천국은 우리의 머리 위뿐만 아니라 발밑에도 있다.　　- **도로**

우리들은 신과 영혼을 믿음으로써 악 속에 신을, 어둠 속에 빛을 볼 수가 있고, 절망을 희망으로 바꿀 수가 있다. - **에라스무스**

충실하게 사는 방법을 알고 있는 사람만이 아름다운 죽음을 맞는 법을 알고 있다.   - 테오도르

완전한 믿음은 공포를 사라지게 한다.   - 맥도널드

미신은 온 세상을 불길에 휩싸이게 하고 철학은 그 불을 끈다.
    - 볼테르

죽기 전에는 어느 누구도 행복한 인간이라고 부르지 말라.
    - 아이스킬로스

선을 행하기 위해서는 노력이 필요하다. 그러나 악을 제거하기 위해서는 더한층 큰 노력이 필요하다.   - 톨스토이

썰물은 밀물이 가져온 것을 몰아갈 것이다.   - 레이

자연의 의무를 다한 자는 죽음을 수면처럼 자연스럽게 환영하게 된다.   - 산타야나

한 가닥의 머리카락에도 그 나름의 그림자가 있다.
- 푸불릴리우스 시루스

종교에는 여러 종파가 있지만 진정한 신앙은 단 하나만 존재할 뿐이다. - 작자 미상

자기를 높이 평가해주는 사람을 거스를 수 있는 사람은 거의 없다. - 워싱턴

거미가 파리를 잡았을 때 자랑스러워한다. 이와 마찬가지로 어떤 사람은 산토끼를 잡았을 때, 어떤 사람은 물고기를 잡았을 때, 어떤 사람은 곰을 잡았을 때, 어떤 사람은 사르마티아 사람을 잡았을 때 자랑스러워한다. 그들의 의도를 깊이 생각해보면 강도나 다름없지 않은가? - 아우렐리우스

훌륭하게 죽기 위해 훌륭하게 사는 법을 배워라. 죽고 사는 것은 우리 삶의 전부다. - 테넘

격렬한 말은 그 의미가 빈약하다는 것을 증명하는 것이다.
- 위고

나의 모든 과업을 끝마쳤을 때엔 죽음이 즐거운 여행이 될 것이다.
- **윌콕스**

종교를 사랑하고 그것을 지켜가기 위해서 그것을 지키지 않는 사람을 미워하거나 박해할 필요는 없다.
- **몽테스키외**

당신의 마음을 좀먹는 한 가지 악을 우선 없애라. 열 가지 악도 그것에 따라 없어지고 말 것이다.
- **로즈**

고통은 인간을 생각하게 만들고, 생각은 인간을 지혜롭게 만든다. 또한 지혜는 인생을 견딜 만한 것으로 만든다.
- **패트릭**

받은 상처는 모래에 기록하라. 받은 은혜는 대리석에 새겨라.
- **프랭클린**

우리는 절대로 둔감해져서는 안 된다. 우리가 갈등을 점점 더 깊이 체험할 때, 우리는 진리 속에 있게 된다. 떳떳한 양심이란 악마의 발명품인 것이다.
- **슈바이처**

당나귀가 여행을 떠났다고 해서 말이 되어 돌아오는 것은 아니다.
- 서양 격언

오래 산 사람은 나이를 많이 먹은 사람이 아니고 많은 경험을 한 사람이다.
- 루소

사람들이 오랫동안 입씨름을 하고 있는 경우는 대체로 그들이 거론하고 있는 일이 그들 자신들에게도 알 수 없게 되었다는 증거이다.
- 볼테르

우리가 무엇인가를 믿으려 들면 거기에 부합되는 모든 논제가 갑자기 눈에 띄게 되고, 그것에 반대되는 논제에는 눈을 감게 된다.
- 버나드 쇼

행동으로 옮겨지지 않는 생각은 대단한 것이 아니며, 생각하지 않는 행동은 아무 의미가 없다.
- 베르나노스

다른 사람을 믿지 못하는 사람은 그 자신이 신용을 못 받는다는 것을 알고 있다는 증거이다.
- 아웨르바흐

행동이 인생의 4분의 3을 차지하고, 그 어떤 것보다 중요한 결정을 한다.
- 아널드

사상과 분석은 부르주아의 사치이다. 민중이 필요한 것은 총합이며, 행동으로 통하는 기성 사상이다. 생명이야말로 현실이다.
- 로맹 롤랑

양심은 우리의 마음에서 작용하고 있는 특정한 욕망에 대한 거부의 내적 자각이다.
- 프로이트

나의 양심과 더불어 혼자 앉아 있는 것이 나로서는 충분한 재판이 될 것이다.
- C.W. 스펜서

양심과 평판은 각각 다르다. 양심은 자신에게서 기인하고 평판은 타인에게서 생긴다.
- 작자 미상

선을 안다는 것은 악에 대항하는 것이다. 또 악에 무관심한 것은 선한 마음을 상실한 것이다.
- 매너스

악은 쾌락 속에서도 고통을 주지만 덕은 고통 속에서도 위안을 준다. - 콜턴

고통을 주지 않는 것은 쾌락도 주지 않는다. - 몽테뉴

동정만큼 죄악을 장려하는 것은 없다. - 셰익스피어

인생은 땅에서 별로 가는 길이다. - 작자 미상

/ 2

성공과 실패의 모든 것!
그리고 성공이 주는 알곡, 돈

신념이 강한 사람이 성공한다. - **실러**

누구에게나 한 번의 기회가 있다. 그러나 많은 사람이 이를 알지 못한 채 지나치고, 어떤 사람은 그 기회를 잘 잡아서 적절히 이용하여 성공한다. - **몽고메리**

끝없는 열정을 품고 하는 일은 모두가 성공한다. - C. **슈와브**

뜻이 있는 자는 반드시 원하는 바를 이룬다. - **후한서**

성공의 비결은 어떤 직업에 종사하더라도 제1인자가 되는 데 있다.
- 카네기

성공이라고 해서 공포와 불쾌감이 없는 것이 아니요, 실패라고 해서 만족이나 희망이 없는 것은 아니다.
- 베이컨

인생에 있어 가장 중요한 것은 실패했다고 해서 낙심하지 않는 일이며, 성공했다고 해서 지나친 기쁨에 도취되지 않는 것이다.
- 도스토예프스키

큰일을 계획할 때는 조금이라도 우연을 고려하지 않을 수 없다. 이것이 실패하는 원인이다.
- 나폴레옹 1세

성공의 비결은 원하는 것이 일정하고, 변하지 않는 데 있다. 하나의 목표를 가지고 꾸준히 나아간다면 반드시 성공한다. 대부분의 사람들이 성공하지 못하는 이유는 처음부터 끝까지 한 길로 나아가지 않았기 때문이다. 최선을 다해 전진한다면 강철도 뚫고, 만물을 굴복시킬 수 있다.
- 디즈레일리

당신이 얻고 싶은 것을 다른 사람이 가졌거든 당신도 그 사람만큼 노력하라. 이 세상의 모든 물건은 그저 가질 수는 없다. 남이 노력해서 얻은 것을 당신은 어찌하여 팔짱만 끼고 바라보고만 있는가.
- **힐티**

자기 자신에 대한 신뢰가 성공 제일의 법칙이다. - **에머슨**

틀리는 것과 실패하는 것은 우리들이 전진하기 위한 훈련이다.
- **차닝**

성공의 영광을 동경하는 것을 책망해서는 안 된다. 다만 그 영광을 동경하여 시간을 낭비하는 것을 책망받아야 한다.
- **포앙카레**

대체로 성공한 사람들을 보면 그들의 이기심이 공정(公正) 밑으로 물러나 있는 경우이다. - **힐티**

평범한 사람이 이따금 비상한 결의로 성공하는 경우가 있는데, 그것이 그가 특별히 훌륭한 인물이어서가 아니라 불안에서 벗어나려고 부단한 노력을 한 결과이다. - **몽테를랑**

겁쟁이와 망설이는 사람에게는 모든 것이 불가능하게 보이기 때문에 성공 역시 불가능하다. - 스콧

무슨 일이든지 조심해서 시작을 하라. 처음 한 걸음이 앞으로의 일을 결정한다. 그리고 참아야 할 일은 처음부터 참아라. 나중에 참는다는 것은 더욱 어려운 일이다. - 레오나르도 다빈치

장래를 두려워하는 사람은 실패를 두려워하여 자신의 활동을 제한한다. 하지만 실패는 성공을 향한 밑거름이다. 성실성이 밴 실패는 조금도 부끄러울 것이 없다. - 헨리 포드

위대하다는 것은 오해받고 있다는 증거이다. - 에머슨

사람은 패배한 일을 통해서 교훈을 배운다. 이긴 게임을 통해서 배운 일이 없다. - 보비 존스

위대한 사람이 한꺼번에 그처럼 높은 곳에 뛰어오른 것이 아니다. 동반자들이 단잠을 잘 때 그는 일어서서 괴로움을 이기고 일에 몰두했던 까닭이다. - 브라우닝

실패는 사람을 절망으로 이끈다. 그러나 성공은 그 사람의 성격이나 인격을 높여준다.   - W.S. 몸

공동의 실패는 모두에게 위로가 된다.   - 라틴 격언

실패는 낙담의 원인이 아니라 신선한 자극이다.   - 사우전

실패한 일에 대해 생각하며 자신을 괴롭히지 말라. 대부분의 인간은 실패한 일 때문에 괴로워한다. 문제는 그것이 다음 일을 실패로 이끄는 원인이 되기도 한다. 하나의 실패는 그것으로 끝을 맺는 것이 좋다.   - 러셀

할 수 있다고 생각하기 때문에 할 수 있다.   - 베르길리우스

당신의 문제를 빨리 해결하라. 그러지 않으면 그 문제에 당신이 얽매이게 될 것이다.   - 실러

기다릴 줄 아는 것이 성공의 비결이다.   - 매스트로

험한 산을 오르기 위해서는 처음에는 천천히 걷는 것이 좋다.
- 셰익스피어

성공은 사람이 얻을 수 있는 최고의 상(賞)이다. 명성은 제2의 재산이다. 그리고 이 두 가지 은혜를 모두 누리고 있는 사람은 지상의 왕관을 물려받은 사람이라고 할 수 있다. - 판다로스

우리가 노력하는 것은 반드시 성공만을 위해서가 아니다. 실패를 해도 실망하지 않고 한 걸음 한 걸음 나아가기 위해서이다.
- G. 스티븐슨

모든 사람은 자기 능력에 따라 하고 싶은 일을 할 때 가장 빛난다. 자기가 하고 있는 일에 애정과 신념을 갖지 못하는 사람은 불행하다. - 칼라일

대의를 위해 죽는 사람은 실패하는 일이 없다. - 바이런

하늘의 칼은 서둘러 찌르지 않으나 우물쭈물하는 법도 없다.
- 단테

회복할 수 있는 유일한 길은 다시 시작하는 것이다.   - **체이스**

실패한 사람이 다시 일어나지 못하는 것은 교만한 까닭이다. 성공한 사람이 그 성공을 유지하지 못하는 것 역시 교만한 까닭이다.   - **석가모니**

성공하기를 바라는 자는 자기 자신은 물론 타인까지 평화를 얻도록 노력해야 한다. 그러기 위해서는 자존심까지도 포기해야 한다.   - **힐티**

자신이 쓸모 있는 사람이라는 확신을 갖는 것만큼 유익한 것은 없다.   - **카네기**

작은 일에도 목표를 세워라. 그러면 반드시 성공할 것이다.
   - **실러**

신념(信念)을 갖고 사는 사람은 성공 여부를 문제삼지 않는다. 자기 자신과 타인과의 정신적 평화를 중요시하고, 성공 여부는 그것보다 작은 것으로 생각한다.   - **티르**

사람의 처세법에 있어서 가장 중요한 것은, 정(情)에 쏠리지 않아야 하고, 이치에도 쏠리지 말아야 하며, 동시에 두 가지를 모두 억제할 줄 알아야 한다. — 나폴레옹

종결을 맺기 전에는 어떤 일이든 가능하다고 생각하라. — 키케로

성공은 결과이지 목적은 아니다. — 플로베르

우리가 성공하기 위해서는 겉으로는 어리석은 것처럼 보이면서 속으로 영리해야 한다. — 몽테스키외

정확성을 요구하며 우물쭈물하는 사람은 결코 큰일을 해내지 못한다. — 엘리엇

한 걸음 한 걸음 천천히 걸어서 종국에 도달할 수 있다고 생각해서는 안 된다. 한 걸음 한 걸음이 그 자체로서 가치가 있어야 한다. 커다란 성과는 가치 있는 조그만 것들이 모여 이루어지는 것이다. 알찬 성과를 얻으려면 한 걸음 한 걸음이 힘차고 충실해야 한다. — 단테

앞에 가던 마차가 전복되는 것을 보고, 뒤에 따라가던 마차가 조심하는 것과 같이 현명한 사람은 앞사람의 실패를 귀담아 들었다가 재앙을 미리 막아야 한다.　　　　　　　　　　- **논어**

성공의 첫째 비결은 의욕과 자신감이다.　　　　　　- **에머슨**

칭찬을 듣고 싶은 욕망, 재물을 얻고 싶은 욕망, 이 두 가지는 성공해야 얻을 수 있다. 그렇기 때문에 많은 사람들은 성공에 갈증을 느낀다.　　　　　　　　　　　　　　　　　- **힐티**

성공은 차라리 늦을수록 좋다. 일반적으로 빠른 성공은 사람의 나쁜 성질을 잡아 일으키지만, 많은 실패는 알찬 성공을 키워내기 때문이다.　　　　　　　　　　　　　　- **힐티**

성공과 실패는 언제나 같은 선상에 있다.　　　　　- **브하그완**

진정한 성공의 비결은 타인의 관점을 잘 포착하여 다른 사람의 입장에서 사물을 볼 줄 아는 능력이 있어야 한다.　　- **B. 포드**

출세는 결코 팔짱을 끼고 있는 자를 저쪽에서 손짓해 부르거나 일부러 길을 열어주지는 않는다.   **- 서양 격언**

다른 사람이 멸시하고 있는 일을 성공시키는 것은 매우 대단한 일이다. 그러기 위해서는 자신을 이겨야 하기 때문이다.

- 몽테를랑

출세는 두 가지 길밖에 없다. 그것은 자신이 근면하든가 다른 사람들이 어리석음으로써 찾아오는 행운이다.   **- 라 브뤼에르**

최상의 성공은 실망 뒤에 온다.   **- F. 비처**

가장 조소할 만한, 가장 저돌적인 희망이 때로는 성공의 요인이 된다.   **- 볼테르**

부지런한 자의 손은 사람을 다스리게 되고 게으른 자의 손은 부림을 받는다.   **- 성경 잠언**

자신감은 최고의 성공 비결이다.   **- 토마스 에디슨**

큰일을 기도할 때는 새로운 기회를 만들어내기보다는 눈앞의 기회를 이용하는 것이 현명한 방법이다.   - 라 로슈푸코

정복하기 위해서 굴복한다.   - 윌리엄 쿠퍼

한번도 성공해본 경험이 없는 사람에게 가장 감미롭게 생각되는 것은 바로 성공이다.   - 디킨스

분수에 넘치는 야심 때문에 마음을 괴롭히지만 않는다면, 대개의 인간은 작은 일에는 성공하는 법이다.   - 롱펠로

우리는 우리가 언제 가장 멋지게 성공했었다는 것을 결코 알지 못한다.   - 우나무노

진정한 성공의 비결은 실패한 사람들밖에는 모른다.   - 콜린스

두 가지 일을 두고 무엇을 먼저 할 것인가 망설이는 사람은 결국 아무 일도 못한다.   - 워즈워스

성공을 뽐내는 것은 위험하다. 그러나 실패를 함구하는 것은 더욱 위험하다. - 케네

성공하는 사람은 송곳처럼 어느 한 점을 향해 돌진한다. - 보비

이런 일은 도저히 불가능하다고 자신이 믿고 시작하는 것은, 그 일에 자기 자신을 불가능하게 만드는 수단이다. - **워너 메이커**

자신의 마음을 감추지 못하는 사람은 어떠한 일에도 성공하지 못한다. - **칼라일**

이것도 저것도 할 수 없다고 생각하는 사람은 아무것도 할 결심을 못한다. - **스피노자**

출세하기 위해서는 정신력보다 습관과 경험이 필요하다. 문제는 대부분의 사람들이 그것을 너무 늦게 깨닫게 된다는 데 있다. 게다가 그것을 깨달았을 때는 이미 모든 실수를 저질러 만회할 시간조차 잃게 된 이후이다. 생각건대 성공하는 사람이 극히 드문 이유는 이 때문이다. - **라 브뤼에르**

근면은 성공의 어머니다. — 돈 쿠이조

만약 그대가 인생의 계획을 세우지 않았다면 이것은 인생에 실패할 것을 계획하는 것이나 마찬가지이다. — 실러

성공이란 대담무쌍하게 돌진하는 어린애와 같다. — 디즈레일리

돈이 있어도 이상이 없는 사람은 몰락의 길을 걷는다.
— 도스토예프스키

돈은 누군지를 묻지 않고, 그 소유자에게 권리를 준다. — 러스킨

탐욕이 부에 범하는 것과 똑같은 잘못을 야심은 힘에 대해 범한다. 즉 야심은 먼저 힘을 집결하는 것을 행복의 수단이라고 믿고, 그리고 나중에는 그것을 집결함으로써 힘 자체를 목적으로 삼게 된다. — 카레브 콜턴

빚을 지고 내일 일어나느니 오늘밤 먹지 말고 잠자라. - **프랭클린**

돈으로 신용을 얻으려 하지 말라. 신용으로 돈을 얻으려 하라.
- **세미스트 크레스**

돈을 빌려주면 돈은 물론이고 친구까지 잃는다. 또한 돈을 빌리면 검약의 마음이 둔해진다. - **셰익스피어**

돈을 빌리러 가는 것은 자유를 팔러 가는 것이다. - **프랭클린**

돈은 좋은 머슴이기는 하지만, 나쁜 주인이기도 하다. - **베이컨**

돈이란 바닷물과도 같다. 마시면 마실수록 더욱 목이 마르다.
- **쇼펜하우어**

돈이 있으면 많은 일을 할 수 있다. 그러나 청춘을 돈으로 살 수는 없다. - **다이몬트**

돈은 악이 아니며, 저주도 아니다. 돈은 사람을 축복한다. - **탈무드**

세상에는 단지 두 가지 가족밖에 없다. 가진 집과 가지지 못한 집.　　　　　　　　　　　　　　　　　　　　 - **세르반테스**

돈은 돌고 돈다. 늘 나만 피해 가며 돌아다녀 얄밉지만 돈이란 억지로 벌기는 힘들다. 돈이란 비둘기와 같아서 어느새 날아왔는가 하면 금세 날아가 버린다.　　　　　　　 - **투르게네프**

수입을 생각하고 나서 지출 계획을 세워라.　　　　 - **예기**

돈을 낭비하거나 저금을 하는 사람은 가장 행복한 사람이다. 그것은 두 경우 모두 그 일을 즐기고 있기 때문이다. - S. **존슨**

작은 비용을 삼가라. 작은 구멍이 큰 배를 가라앉힌다. - **프랭클린**

돈을 너무 많이 가지고 있다는 것은 너무 적게 가지고 있는 것보다 괴로운 일이다.　　　　　　　　　　　　　 - **하이네**

돈을 빌려준 사람은 돈을 빌린 사람보다 훨씬 기억력이 좋다.
- 프랭클린

나는 임금이 되어 내 돈을 거지처럼 쓰기보다는 차라리 거지가 되어 내 마지막 1달러를 임금처럼 써보련다. - 잉거솔

금전은 무자비한 주인이지만, 유익한 종이 되기도 한다.
- 유대 격언

돈은 쫓을 때는 도망가고, 필요 없다고 생각하면 따라와 자연히 모인다. 돈은 필요악이다. 부유한 채로 죽는 것은 인간의 치욕이다. - 탈무드

무조건 돈을 아낀다고 모이는 것이 아니다. 때로는 기회가 왔을 때, 과감하게 써야 한다. 방랑자에게 돈이 있으면 관광객이라 불린다. - 폴리쳐

악의 근원을 이루는 것은 돈 자체가 아니라 돈에 대한 애착이다. - 스마일스

돈을 버는 데 그릇된 방법을 썼다면 그만큼 그 마음속에는 상처가 나 있을 것이다.
- 빌리 그레이엄

황금은 단순한 물질에 불과하다. 그러나 황금을 인간의 생활과 결부시키면 거기에서 이상야릇한 신앙 같은 마력이 싹튼다.
- 대망경세어록

돈은 돈의 씨앗이다. 맨 처음 몇 푼을 얻는 것이 다음에 수백만 원을 얻는 것보다 어려울 때가 있다.
- 루소

가난은 결코 부끄러운 것이 아니다. 단지 지독하게 불편할 뿐이다.
- 시드니 스미스

사람들은 재산이 쌓여도 사용할 줄 모르고, 이로 인해서 오히려 마음을 졸이며 근심에 쌓여 있으면서도 더욱 돈 모으기에 힘쓰고 있으니 이를 사서 하는 근심이라고 한다.
- 장자

돈은 사업을 위해 쓰여야 하는 것이지 술을 마시기 위해 쓰여야 할 것은 아니다.
- 탈무드

어리석은 사람만이 다음의 세 가지 물건을 빌린다. 그것은 책, 우산, 돈이다. 돈을 꾸어주는 사람은 우정과 돈 두 가지를 잃는다.
- **프랑스 격언**

돈의 가치를 알아보고 싶거든 남에게 돈을 꾸어달라고 요청해 보라.
- **스마일스**

돈으로 살 수 있는 것 중에 행복이라고 불리는 상품은 없다.
- **헨리 벤다이크**

아무리 추운 날씨라 하더라도 옷을 너무 두껍게 입지 말라. 옷을 두껍게 입으면 행동이 느려진다. 돈 역시 옷과 마찬가지로 너무 많으면 정신의 움직임을 방해할 수 있다.
- **테모필**

재산은 가지고 있는 자의 것이 아니고, 그것을 즐기는 자의 것이다.
- **하우얼**

황금은 천국을 제외한 모든 문으로 들어갈 수 있는 키(Key)다.
- **J. 레이**

돈을 벌고 싶다면 돈을 써야 한다. - **플라우투스**

돈의 가치를 알기 위해서는 그 돈으로 살 수 있는 좋은 물건들을 생각하는 대신에 그 돈을 버는 고통을 체험해야 한다. - **P. 에리아**

심리적인 고통을 받고 있을 때는 재산이란 것이 슬픈 위안밖에는 되지 않는다. - **입센**

'돈 때문에' 라는 말은 단지 변명일 뿐이다. - **실러**

사람의 정(情)도 가난한 곳에서는 끊어지고 세상 인심은 돈 있는 집으로 향한다. - **명심보감**

빈곤은 재앙을 주는 것이 아니라 불편함을 준다. - **플로리오**

돈은 동전화된 자유이다. 그래서 자유를 빼앗긴 사람에게 그것은 몇 배나 더 귀중하다. 돈이 그 사람의 주머니에서 넹그렁 소리를 내면 비록 그 돈을 쓸 수는 없더라도 반쯤은 위로가 된다.
- **도스토예프스키**

악의 근원은 돈 그 자체가 아니라 돈에 대한 집착이다. - **라블레**

부자는 자유롭지 못하다. 원수도 많아지고, 친구는 떨어져 나간다. 돈이 많으면 많을수록 고독해진다. 따라서 돈도, 권력도 얻을 것이 못 된다. 짐승처럼 벌었다가 죽을 때는 '지금 죽을 줄 알았으면 마음이나 곱게 쓰고 죽을걸'이라고 후회해봐도 아무 소용이 없다. - **청담조사**

사람은 빈곤이 그렇게 괴로운 것이 아니라는 것을 깨달았을 때 비로소 자신의 부를 마음껏 즐길 수 있다. - **세네카**

그냥 주어라. 그러면 설령 돈을 잃더라도 벗은 잃지 않을 것이다. 빌려주라. 그러면 설령 받는다 해도 벗을 잃을 것이다. - **벌워 리턴**

만약 적에게 돈을 꾸어주면 그를 얻지만 친구에게 꾸어주면 친구를 잃을 것이다. - **프랭클린**

나는 돈이 있어도 불성실한 사람보다, 돈은 없지만 성실한 사람을 선택하겠다. - **오비디우스**

성공과 실패의 모든 것!

돈이란 성실한 일꾼인 동시에 사악한 주인이기도 하다. - **프랭클린**

돈을 갚을 방법이 없다면 아예 빌리지 말라. - **레싱**

돈을 모아도 쓸 줄 모르는 사람이 있다. 이는 탐욕에 눈이 어두워 돈을 모으기만 할 뿐이다. - **유베날리스**

인간은 돈을 벌기 위한 머리와 돈을 쓰기 위한 마음을 가지고 있다. - **G. 파커**

자기 호주머니 속의 푼돈이 남의 호주머니 속의 큰돈보다 훨씬 낫다. 티끌도 모으면 태산이 되기 때문이다. - **세르반테스**

지혜를 얻기 전에 돈을 쥐게 된 사람은 돈주인 노릇을 잠깐밖에 하지 못한다. - **T. 플러**

오늘날은 황금 만능 시대이다. 우리가 모두 그에게 복종하니 황금이야말로 폭군이다. - **졸라**

못난 사람도 돈만 있으면 잘나 보인다. - **서양 속담**

큰돈은 용감한 사람만이 벌 수 있다. 또 돈을 모으는 데는 상당한 지혜가 필요하다. 그러나 돈을 많이 모은 사람 중에는 돈을 가치 있게 쓸 줄 아는 도덕적인 인격을 갖춘 사람이 그다지 많지 않다. - **에베르바흐**

신은 인간을 만들고, 옷은 인간의 겉모양을 꾸민다. 그리고 돈은 인간을 완성시킨다. - **J. 데이**

황금이 말문을 열기 시작할 때부터 혀는 힘을 잃는다. - **M. 구앗조**

가지고 있으면 공연한 물건같이 귀찮고, 가지고 있지 않으면 아쉽기 짝이 없는 것! 그것이 바로 귀찮으면서도 얄미운 돈이다.
- **레싱**

돈은 절대적인 힘을 가진다. 그와 동시에 평등의 극치이기도 하다. 돈이 지니는 절대적인 힘은 바로 그것이다. 돈은 모든 불평등을 평등하게 만든다. 돈, 그것은 아무리 돼먹지 못한 인간이라도 가장 높은 지위까지 올려주는 단 하나의 수단이다.
- **도스토예프스키**

쉽게 돈을 버는 사람은 많지만 쉽게 돈을 쓰는 사람은 극히 드물다. - **고리키**

아무것도 없는 자는 노동의 질곡 아래 있고, 재산을 가진 자는 근심 걱정의 질곡 아래 있다. - **실러**

인간에게 돈은 피요, 생명이다. - **안티파네스**

지갑이 가벼우면 마음이 무겁다. - **괴테**

절약은 돈지갑의 밑바닥이 드러났을 때는 이미 늦다. - **세네카**

둘째가는 악이 거짓이라면 첫째가는 악은 빚지는 것이다.
- **프랭클린**

황금에 집착하는 사람은 그로 인해 생명을 잃는다. 옷에 집착하는 여자는 그로 인해 불의를 저지르게 된다. - **대망경세어록**

돈을 빌려달라는 것을 거절함으로써 친구를 얻을 수는 있지만, 반대로 돈을 빌려줌으로써 친구 관계를 유지하기란 쉽지 않다.
- 쇼펜하우어

돈을 꾸어주는 사람은 그냥 준다고 생각해야 한다. - 조지 허버트

돈 속에, 돈 자체 속에, 그리고 돈을 취득하고 소유하려는 생각 속에는 분명 비도덕적인 점이 있다. - 톨스토이

돈은 모든 불평등을 평등하게 만든다. - 도스토예프스키

돈은 양으로 따지는 것이지 질로 따지는 것이 아니다. - 짐멜

금전은 비료와 같은 것으로 뿌리지 않으면 쓸모가 없다.
- 베이컨

부지런히 땅에 씨 뿌리는 사람이 수천 번 기도하는 사람보다 더 풍성한 결실을 얻는다. - 조로아스터

노동에서 건강이, 건강에서 만족이 샘솟는다. 그리고 만족은 기쁨의 근원이 된다.
- **비티**

거친 노동을 사랑하고, 그리고 빠른 것, 새로운 것, 진기한 것을 뒤쫓고 있는 그대들이여! 그대들의 대부분은 인내가 부족하다. 그대들의 근면은 도피라고 할 수 있다. 자기를 잊으려고 하는 의지 말이다.
- **니체**

백 년을 살 것처럼 일하고 내일 죽을 것처럼 기도하라.
- **프랭클린**

가장 편안하고 순수한 기쁨은 노동을 하고 난 뒤에 취하는 휴식이다.
- **칸트**

'이 일이 정말 필요한 일인가' 하고 의심하는 마음이 없을 때 비로소 기쁨을 느낄 수 있다.
- **톨스토이**

쉽게 허락한 것은 반드시 신뢰성이 의심스럽고, 쉽게 일을 시작하면 반드시 어려움이 따른다.
- **노자**

절제와 노동은 인간에게 진정한 두 의사이다. - 루소

인간은 노동 없이 휴식에 이를 수 없고 투쟁 없이 승리에 이를 수 없다. - 토마스 아 켐피스

일이 즐겁다면 일해서 얻은 것은 무엇이든 기분 좋은 것이다. 일의 강도가 크면 클수록 그 상쾌함도 더하다. - 고리키

사람은 꾸준히 일한 뒤가 아니고는 쉬어서는 안 된다. - G. 에이드

세상 어느 곳에 가더라도, 그리고 동서고금을 막론하고 수고와 노동에는 보수와 기쁨이 따르는 법이다. - 라파이렐

육체노동은 정신적인 고통을 해방시킨다. 가난한 사람의 행복이 여기에 있다. - 라 로슈푸코

자기 자식에게 육체적인 노동을 가르치지 않는 자는 결국 약탈, 강도 같은 짓을 가르친다고밖에 할 수 없다. - 탈무드

성공과 실패의 모든 것!

일자리가 있는 사람은 언제든지 기회가 있다.   - **허버트**

인간은 늘 자신이 종사하고 있는 업무 속에서 세계관의 기초를 구축해야만 한다.   - **페스탈로치**

일을 언제부터 시작할까 하고 생각하면 그땐 이미 늦은 것이다.
    - **퀸틸리우스**

한 사람의, 혹은 몇 사람의 노예가 되지 말라. 당신이 하지 않으면 안 될 일, 그리고 당신이 할 수 있는 일에 있어서 모든 사람들에게 소속되는 것이 좋다.   - **키케로**

사람은 늘 일을 해야만 한다. 그래야만 살아간다는 의의와 행복을 발견할 수가 있다.   - **체호프**

앉아서 일하는 사람들이 서서 일하는 사람들보다 소득이 많다.
    - **나슈**

고심하던 일의 성과는 최상의 감미로움이다.   - **보브나르그**

일로 말미암아 인간이 죽지는 않는다. 하지만 빈둥거리고 놀고 지내면 신체와 정신이 망가져버린다. 이것은 마치 새가 날도록 태어난 것과 같이 인간은 노동을 하도록 태어났기 때문이다.
- **루터**

잠을 자는 것은 일어나기 위함이요, 휴식은 일하기 위함이다.
- **도쿠토미 소호**

경작하는 것은 기도하는 것이요, 심는 것은 예언하는 것이며, 추수하는 것은 기도하고 완성하는 것이다. - **R. G. 잉거솔**

노동과 질서, 성실이 있는 곳에는 기쁨 역시 아쉽지 않게 있다.
- **라파렐**

태양 아래 모든 것은 일거리이다. 그러니 잠 잘 때까지 땀 흘려 일하라. - **G. 뷔히너**

인간은 일할 수 있는 동물이다. 인간은 일할수록 힘이 솟아난다. 그러므로 하려고 하면 어떠한 일이든지 해낼 수가 있다.
- **고리키**

마음의 잠은 게으름이다. - 보브나르그

누구든지 일하기 싫거든 먹지도 말라. - 신약성서

우리가 평생 멈추지 않고 노동을 하는 이유는 결국 죽음의 집을 짓는 것이라고 할 수 있다. - 몽테뉴

인간을 위대하게 만드는 것은 노동이다. 문화란 바로 노동의 산물이다. - 스마일스

일꾼이 노동의 대가를 받는 것은 당연하다. - 신약성서

근로는 언제나 인류를 괴롭혀온 온갖 질병과 비참함의 치료법이다. - 칼라일

인간의 근로에는 일정한 조건이 있다. 그 하나는 다음과 같다. 목적이 먼 곳에 있을수록, 또 자기의 근로의 결과를 보고 싶다는 생각이 적을수록 성공의 정도는 더욱더 크고 폭넓다. - 러스킨

생활에 즐거움을 주는 것은 근로이다. - 아미엘

세상에 천한 직업은 없으며 다만 천한 사람이 있을 뿐이다.
- 링컨

근로는 몸을 살찌게 하고 학문은 영혼을 살찌게 한다.
- 스마일스

어떤 일도 어려운 고비를 넘겨야 쉬워진다. - T. 플러

자기 일을 찾은 자는 복이 있다. - 칼라일

수고하지 않은 자에게 인생은 자비를 베풀지 않는다. - 호라티우스

일을 제대로 하려면 지금 즉시 한 가지 일이라도 시작해야 한다. - 스마일스

노동이 대단하면 그 보수는 당당하다.   - **괴테**

사람에게는 세 가지 불행이 있다. 어린 시절에 높은 벼슬에 오름이 첫번째요, 부모의 세를 업고 고관이 됨이 두 번째이며, 뛰어난 재주가 있어 문장에 능함이 세 번째 불행이다.   - **소학**

근면은 덕으로 의로운 일을 부지런히 한다는 뜻이다. 어떤 사람은 이를 빈곤을 구제하고 재물을 모으는 수단으로 생각하는 수가 있다. 그리고 겸손이란 재물과 이익을 탐내지 않는 것을 말한다.   - **채근담**

먼저 시도하라. 그대가 시도하지 않는다면 결코 그 일을 완성할 수 없을 것이다.   - **실러**

근로는 하루를 풍요롭게 하고 휴식은 피로했던 나날을 더욱 값지게 한다. 그리고 근로 뒤의 휴식은 깊은 환희 속에 감사를 불러일으킨다.   - **보들레르**

다같이 일어나서 일하세. 어떠한 운명에도 용기를 가지고 말일세.   - **롱펠로**

무슨 일을 하든지 주의 깊게 결말을 지켜보라. - **작가 미상**

일 가운데 평화가 깃들고, 수고 가운데 안식이 깃든다. - **폰트넬**

노력이 적으면 얻는 것도 적다. 재산은 그 사람의 노고에 달렸다. - **에머슨**

오직 열중하라. 그러면 마음이 달아오를 것이다. 시작하라. 그러면 그 일은 완성될 것이다. - **괴테**

하고 싶은 일은 그 일에 습관을 붙여서 즐겁게 하고, 하고 싶지 않은 일은 하지 말라. - **에픽테토스**

시도하라. 다른 사람이 한 일은 당신도 할 수 있다. - **헤릭**

일을 끝까지 매듭짓지 못해도 좋다. 다만 그 일을 중간에서 포기할 생각만은 하지 말라. 당신에게 그 일을 맡긴 사람은 언제나 희망을 잃지 않을 것이다. - **탈무드**

나는 해야 한다. 그러므로 나는 할 수 있다. - 칸트

이 세상에는 정말로 해야 할 일이 많다. 서둘러라. - 베토벤

게으름은 약한 사람의 유일한 피난처이며 어리석은 사람의 휴식처이다. - 체스터필드

근로는 게으름과 바르지 못한 행실과 빈곤 이 세 가지 악에서 우리를 구해준다. - 볼테르

당신이 할 일은 당신이 찾아서 하라. 그러지 않으면 그 일은 끝까지 당신을 찾아다닐 것이다. - 프랭클린

되도록이면 일자리를 갖도록 하라. 자신의 능력을 충분히 발휘할 수 있는 최고의 일에 고용되도록 하라. 그리고 최선을 다했다는 생각으로 죽도록 하라.
- S. 스미스

일한 대가로 얻는 휴식은 일한 사람만이 맛보는 쾌락이다. 일하지 않는 사람의 휴식은 식욕이 없는 식사와 같이 즐거움이 없다. 가장 유쾌하고 가장 보람되고 또 가장 돈이 적게 들고 유익한 시간 소비법은 언제나 쉬지 않고 일하는 것이다. - **힐티**

일한 뒤에 갖는 휴식, 그것은 인생에서 그리 흔하지 않은 행복의 순간이다. - **러셀**

가벼운 승낙은 반드시 믿음이 적고, 일을 시작하면 반드시 어려움이 많다. - **노자**

미래는 일하는 자의 것이다. 그리고 권력도 일하는 자에게 맡겨진다. 게으름뱅이의 손에 권력이 맡겨진 적은 없다. - **힐티**

기회란 두 번 다시 당신 도어를 노크하지 않는다. - **샹 폴**

그대는 두 개의 손과 한 개의 입을 가지고 있다. 그 뜻을 잘 음미해보아라. 두 개의 손은 일을 하기 위함이요, 한 개의 입은 힘을 얻기 위함이다. - **리카르도**

우리는 일을 하기 위해 태어났다. 자신의 일을 발견하고, 그 길로 나가는 사람은 행복하다. - 워너 메이커

시작이 좋으면 끝이 좋다. - 영국 속담

많은 사람들이 자기 계급을 경멸하는 얼굴을 하고 있으면서, 사실은 자기들의 계급에서 두각을 나타낼 기회만을 노린다. - 로맹 롤랑

어려운 일에 맞닥뜨렸을 때는 우선 착수해보라. 일단 그 일에 손을 댄다면 그것으로써 일의 반은 끝난 것이다. 그리고 한 번 더 힘껏 일해보라. 그러고 나면 일이 모두 끝나버린다. - 아우소니우스

어떠한 직업이라도 자기가 지배하는 한 유쾌한 것이며, 반대로 그 직업에 복종하게 되면 불쾌할 것이다. 그러므로 인간에게는 직업의 선택이 가장 중요하다. - 알랭

피해당한 것은 모래에 쓰고 은혜받은 것은 대리석에 써라. - 프랑스 격언

은혜를 감사로써 받는 사람은 그 빚의 1회분을 이미 갚은 셈이다.
- 세네카

자신이 한 일은 절대 후회하지 말고, 남의 탓을 하지 말라. 이것이 큰 지혜를 얻는 첫걸음이니라.
- 디드로

꿔줄 때는 증인을 세워라. 그러나 베풀 때는 제삼자가 있어서는 안 된다.
- 탈무드

짖지 않는 개와 잔잔한 물을 조심하라.
- 라틴 격언

가난은 가정을 파괴시키기보다는 한데 뭉치게 하는 경우가 더 많다.
- 사기

고양이는 생선을 먹어도 자기 발을 적시지 않는다. - J. 헤이우드

사랑에는 슬픔이 있고, 행운에는 기쁨이 있고, 용맹에는 명예가 있으며, 야망에는 죽음이 있다.
- 셰익스피어

남의 은혜를 망각한다면 벌써 인간으로서의 약점을 지니고 있다는 증거이다. 따라서 유능한 사람이 남의 은혜를 잊었다는 예는 어디에도 없다.
- 괴테

큰 인물은 큰일을 기도한다. 그것은 그 일이 중요하기 때문이다. 그런데 어리석은 사람도 큰일을 기도한다. 그러나 잘 이뤄지지 않는다. 그것은 그 일이 쉬울 것이라고 생각하기 때문이다.
- 보브나르그

호흡은 신체에 활력을 주고, 명성은 마음에 활력을 준다.
- 작자미상

우리의 게으른 습관을 고치는 특효약은, 자신들의 실패로 오는 절망보다도 부지런한 사람의 성공이다.
- 르나르

큰 부자에게는 아들이 없다. 다만 상속자가 있을 뿐이다.
- 유대 격언

자기 자신을 위해서 어떤 것을 탐내지 말라. 구하지 말고, 마음을 바로잡고, 타인을 부러워 말라. 내 운명과 장래는 항상 미지의 것이어야 한다.
- 톨스토이

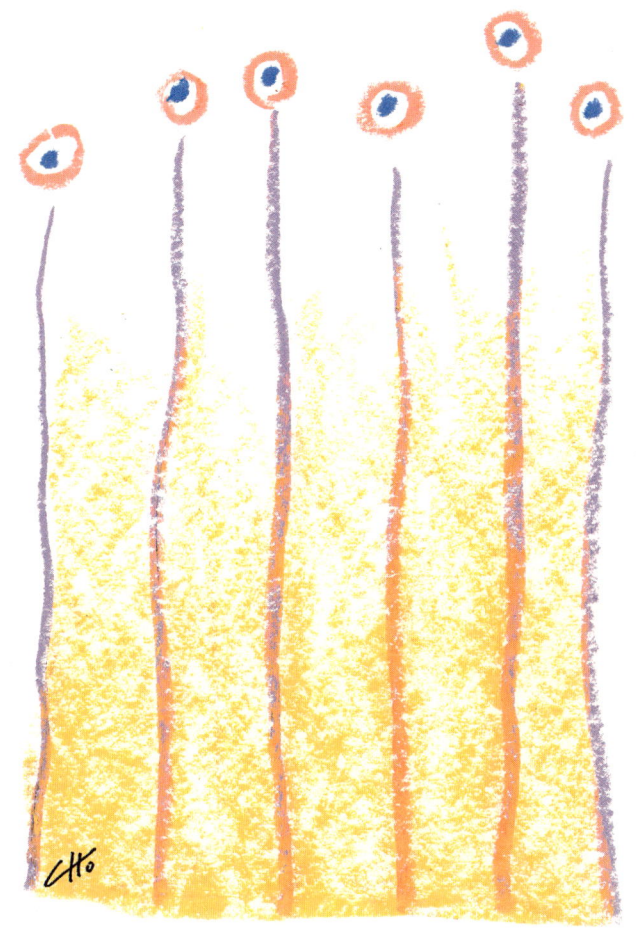

성공과 실패의 모든 것!

야망은 자기 소유자를 파멸시킨다. - **유대 격언**

게으른 자의 혀는 게으름을 피우지 않는다. - **서양 격언**

대부분의 모임은 이해 관계로 분열되고 범죄로 뭉친다. - **볼테르**

남에게 예리하게 상처를 주고 싶거든, 그의 이기심을 겨누어서 치면 된다. - **L. 윌리스**

가난한 사람은 설령 진실을 말해도 믿어주지 않는다.
- **메난드로스**

만일 일이 뜻대로 진행되지 않거든 나보다 못한 사람을 생각하라. 그러면 원망이 절로 사라지리라. 마음이 나태해지거든 나보다 나은 사람을 생각하라. 그러면 정신이 번쩍 들리라. - **채근담**

지조가 강한 사람은 자칫 다른 사람과 어울리기 어려워서 남과 다투는 일이 있다. 그러므로 평소에 온화한 마음으로 타인과 지내도록 마음을 닦아야 한다. - **채근담**

지식에 투자하는 것이 가장 이윤이 높다.   - **프랭클린**

항상 냉철하고, 어떤 환경에서도 침착함을 잃지 않는 것만큼 나에게 이득을 주는 것도 없다.   - **제퍼슨**

처세술이란 무엇보다 먼저 자기가 한 결심을 지혜롭게 해내는 일이다. 따라서 자기가 종사하는 일에 대해 군소리를 하지 않는 사람이야말로 처세술에 능하다고 볼 수 있다.   - **알랭**

물에 빠졌을 때, 그 흐름에 역행해서는 안 된다. 자연스럽게 흐름에 몸을 맡겨버리면, 헤엄을 칠 줄 모르는 사람도 물가나 언덕에 닿게 마련이다.   - **세르반테스**

항상 자신이 하는 일에 최선을 다하라. 어떤 일도 주의가 부족했다는 변명은 결코 통하지 않는다.   - **톨스토이**

얼마나 많은 사람이 명성에 의해 칭송을 받은 후에 망각 속에 묻혀버렸던가? 그리고 타인의 명성을 찬양했던 사람들도 결국은 죽었다.   - **아우렐리우스**

가난한 자에게는 복이 있나니, 천국이 모두 너희 것이니라.
- 성서

갈봇집에는 발을 들여놓지 말고, 여자의 치마 속에는 손을 넣지 말고, 고리대금업자의 장부에는 연필을 대지 말라. 그리고 비열한 악마는 멀리 쫓아버려라. - **셰익스피어**

때로는 부(富)가 성장을 방해하는 요인이 될 수 있다. 특히 부를 누릴 때가 그러하다. - **로일**

새 신을 가지기 전에는 헌 신을 버리지 말아야 한다.
- **폴란드 격언**

자기 마음속에 가지고 있지 않은 것은 어떤 것도 자기 재산이 아니다. - **작자 미상**

고생을 많이 해서 세상 물정에 밝은 사람은 자신에게 닥친 역경을 여유롭게 넘긴다. - **S. 몸**

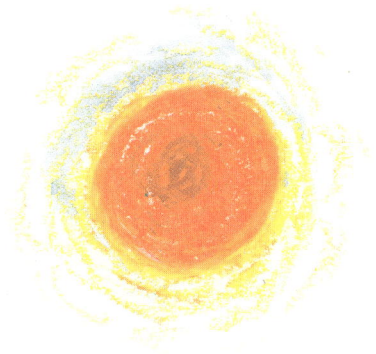

적이 나보다 약하다고 해서 결코 동정해서는 안 된다. - 사드

우리의 진정한 적은 언제나 침묵하고 있다. - 발레리

사치를 하면 교만해지고 불손해진다. 인색하면 무례하고 인정이 없다. 이 두 가지는 사람이 취할 도리가 아니지만 만약 그 가운데 하나를 택하라면 차라리 인색한 편이 낫다. - 논어

부귀와 명예는 그것을 어떻게 얻었느냐가 중요하다. 도덕에 근거를 두고 얻은 부귀와 명예라면 산속에 핀 꽃과 같다. 그 꽃은 충분히 햇빛과 바람을 받고 필 수 있다. 또 어떤 공적으로 얻은 부귀와 명예라면 이것은 정원에 심은 꽃과 같다. - 라 로슈푸코

부는 하느님이 주신 것이고, 가난은 자신이 얻는 것이다.
- 브하그완

가난하더라도 깨끗이 집안을 청소하고, 깨끗이 머리를 손질하면 자연히 기품이 나타나게 마련이다. - 채근담

어떠한 일이든지 한 가지 일에 능통하라. 한 가지 일에 능통하지 못하면 한 가지 지혜도 가지지 못한다. - 경행록

부자와 살지 않으면 안 되는 것이 부자의 비참함이다. - L. 스미스

부귀를 누려도 방탕하지 말고, 가난해도 지조를 잃지 않으며, 싸움터에 나가서도 굴하지 아니하면 이것이 곧 대장부다운 행동인 것이다. - 맹자

부자와 가난한 자의 차이는 이렇다. 부자는 먹고 싶을 때 먹지만 가난한 자는 먹을 수 있을 때만 먹는다. - 롤리

수전노의 돈은 그가 땅속에 묻힐 때 비로소 밖으로 나온다.
- 몽골 격언

부자가 넘어지면 큰일이라고 소리치고, 가난뱅이가 넘어지면 저 녀석 주정한다고 빈정거린다. **- 터키 격언**

왕자에게 선물받은 옷이 아무리 아름답다 할지라도 자기가 평소 입는 값싼 옷보다 못하다. 부자가 먹는 음식이 제아무리 맛있는 것이라도 내 식탁에 있는 한 조각의 빵보다는 못하다. **- 사드**

자녀가 변변치 못하다면 재산을 남겨준들 무엇하리오. 자녀가 지혜롭다면 굳이 재산을 남겨줄 필요가 어디 있으리오. **- 영국 격언**

그대가 원하는 모든 것을 얻었을 때는 항상 경계하라. 살찐 돼지는 결코 행복하지 않은 법이다. **- J. C. 해리스**

사치를 즐기는 사람은 돈이 풍족해도 낭비가 심하므로 늘 부족함을 느낀다. 반대로 절약을 근본으로 삼는 사람은 부족하지만 아껴 쓰기 때문에 아무런 부족함도 느끼지 않는다. **- 채근담**

돈을 갖지 않고도 행복하게 지내는 것은 돈을 버는 것과 같은 큰 가치가 있다. **- 르나르**

인간은 지혜와 양심을 가지고 살아야 한다. 돈이 없다고 해도 얼마든지 살아갈 수 있다. 일반적으로 돈이라고 하는 것은 우리의 양심이 흐려질 때 그 본색을 드러낸다.　　　　　　- 고리키

모든 사람은 태어날 때부터 자신의 재산을 소유할 권리를 갖고 있다.　　　　　　　　　　　　　　　　　　　- 교황 레오 13세

돈은 깊은 물속과도 같다. 명예도, 양심도, 의리도 모두 그 속에 빠져버린다.　　　　　　　　　　　　　　　　　- 가즈레

돈은 아무나 버는 게 아니다. 벌 수 있는 사람은 이미 정해져 있다. 적어도 성실·근면·절약할 수 있는 삶에 한해서만 돈은 그를 주인으로 대접한다.　　　　　　　　　　- 스페인 격언

부자가 천국에 가는 것은 낙타가 바늘구멍을 빠져 나가는 것보다 더 힘들다. 때문에 돈 있는 사람은 착한 일을 하기가 힘들다.
　　　　　　　　　　　　　　　　　　　　　　　- 성서

부자는 딴 나라에 가도 곳곳에 자기 집이 있지만, 가난한 자는 자기 집에 있어도 낯이 설다.　　　　　　　　　　- 리카도

성공과 실패의 모든 것! 113

가난하게 살지 않을 것이라고 결심하라. 무엇을 가졌든 간에 늘 절약하라. 가난은 인간이 행복하게 되는 데 있어서 큰 적이다. 그것은 확실히 자유를 파괴하고, 사소한 덕행도 실천할 수 없게 하며, 여타 다른 일도 극단적으로 어렵게 만든다. - **새뮤얼 존슨**

높은 산에 올라가 보지 않은 사람은 평야를 알 리 없다. - **중국 격언**

부당한 이익은 큰 손실을 보는 것과 같은 결과를 초래한다.
- **헤시오도스**

오늘날과 같은 문명시대에는 육체적인 굶주림보다 정신적인 굶주림을 면하는 것이 훨씬 더 어려운 일이다. 사람은 물질의 풍요를 누리게 되면 정신이 병들고 약해지기 쉽기 때문이다.
- **고리키**

빈곤을 수치스럽다고 여기는 것은 부끄러운 일이다. 그러나 자신이 극복하기 위해 노력하지 않는 것은 더 부끄러운 일이다.
- **투키디데스**

기분에 들뜨면 마음이 사치해지고, 마음이 사치하면 뜻이 외람되고, 뜻이 외람되면 행실에 오점이 생긴다. - **명심보감**

부자의 향락은 가난한 사람의 눈에 눈물이 흐르게 한다.
- T. 플러

사치가 로마를 쓰러뜨렸다. 추위를 막기 위해서는 단 한 벌의 외투면 충분하다. 만약 의복의 색깔이나 디자인에 관심이 쏠린다면 색다른 열 벌의 외투도 부족할 것이다. 이것이 바로 사치의 커다란 함정이다.
- **힐티**

재물을 택하기보다는 명성을 택하라.
- **메난드로스**

작은 빚은 사방에서 쏟아져나와 상처 없이 피하기에는 좀처럼 어려운 작은 총알과 같고, 큰 빚은 소리만 크지 위력은 별로 없는 대포와 같다.
- S. **존슨**

지구상의 모든 인간은 돈의 해독을 입고 있다. 그것은 거의 모든 인간이 돈에 얽매여 있기 때문이다.
- 서양 **격언**

부(富)는 참으로 멋진 것이다. 왜냐하면 힘과 여유, 자유를 의미하기 때문이다.
- **로엘**

인간은 쾌락을 누리기 위해서 부를 갈망한다. - 키케로

보수를 주고 매수한 우정은 당시는 가치가 있다. 그러나 유사시엔 아무런 도움이 안 된다. - 마키아벨리

사람의 가장 큰 죄악도 가장 나쁜 범죄도 가난이다. - 버나드 쇼

부유하고 지위가 높은 사람치고 이기적이지 않은 사람이 없다.
- 셰익스피어

나는 부자가 되는 방법을 알고 있다. 그래서 나는 빈곤함이 주는 조그마한 기쁨을 모두 즐기고 있다. - 윌슨

스스로를 부자라고 생각하는 사람은 부자나 마찬가지다.
- 대커리

타인이 부러워하기에는 너무 적고, 멸시하기에는 너무 많은 정도의 재산만을 나에게 달라. - A. 카울리

가난은 우리를 현명하게도 슬프게도 만든다. - B. 브레히트

'가난은 수치가 아니다'라고 많은 사람이 말하지만 실제로는 아무도 믿지 않는다. - 코체프

가난은 나를 야속하게 내리누르는 짐이다. - 테렌티우스

부와 권력을 쫓다가 실패한 사람은 정직도 용기도 오래 지니지 못한다. - 새뮤얼 존슨

현재 부유한 사람은 지난날 그가 가난했을 때 돈을 벌면 자유롭게 돈을 써보자는 희망을 가졌을 것이다. 그런데 이제 부자가 된 그들은 돈을 쓰는 데 몹시 겁을 내며 불안해한다. 부자가 되었다고 해서 가난했을 때 생각했던 것처럼 모든 것이 안정된 상황은 아니다. 다만 고통의 성질을 바꿔놓은 데 불과하다. 빈곤하거나 부자거나 한 가지 고통을 짊어진 것은 똑같다. - 코르네유

가난한 사람을 제외한다면, 진정 가난한 자를 동정해줄 사람은 거의 없을 것이다. - L. E. 랜든

모든 일은 계획으로 시작되고, 노력으로 성취되며, 오만으로 망친다. - 관자

다른 사람의 마음속에 무슨 일이 일어나고 있는지를 몰라서 불행하게 되는 경우는 거의 없다. 그러나 자신의 마음의 움직임을 간과하는 자는 반드시 불행에 빠질 것이다. - 아우렐리우스

만족할 수 있는 이상적인 생활은 돈의 액수에 있지 않고 욕심의 많고 적음에 있다. - 에픽테토스

갑자기 악인이 되거나 착한 사람이 되는 경우는 없다. - 시드니

지갑 속에 넣을 것이 없다면 아무것도 꺼낼 것도 없다. - T. 플러

위험에 대한 공포는 위험 그 자체보다 천 배나 무섭다. - 디포

지성인은 자기 자신의 마음으로 자기 자신을 망보는 사람이다.
- 카뮈

지식에 투자하는 것이 가장 이윤이 높다. - 프랭클린

고귀한 인물은 결코 자신의 운명을 탓하지 않는다. - 쇼펜하우어

틀린 방법이 항상 더 타당해보인다. - 무어

당신의 내면을 보라. 그 내면에는 지혜의 샘이 있다. 그 샘을 파기만 하면 언제든지 지혜의 물이 샘솟을 것이다.
- 아우렐리우스

겸손은 남의 칭찬을 싫어하는 듯이 보이지만 사실은 좀더 넌지시 칭찬받고 싶다는 욕망에 불과하다. - 라 로슈푸코

자신이 가장 보잘것없고 비참하다고 믿고 있는 사람은 일반적으로 가장 야심가이자 선망가(羨望家)이다. - 스피노자

이름이 무슨 소용인가, 장미꽃은 다른 이름으로 불려도 같은 향기가 나는걸.
- **셰익스피어**

노인의 충고는 겨울의 태양광선이다. 그것은 비추기만 할 뿐 따뜻하게 해주지는 못한다.
- **보브나르그**

야심이 있는 사람은 항상 커다란 행운과 재물이 굴러 들어올 것이라고 믿기 때문에 늘 그 무엇인가를 뒤쫓고 있다. 하지만 그 사람에게 돌아오는 것은 단지 피로와 분주한 나날들뿐이다.
- **알랭**

개가 자신이 토한 것을 도로 먹는 것같이, 미련한 자는 미련한 짓을 거듭 행한다.
- **성경 잠언**

강한 인간이 되고 싶다면 물과 같아야 한다.   - **노자**

명예 없이 살기보다는 명예를 얻고 죽는 것이 천 배나 낫다.
- **루이 6세**

명성은 죽은 사람이 먹는 음식이다. 그러나 나는 이런 맛있는 음식을 집어넣을 위가 없다. — 도브슨

정도가 넘는 권력은 천사를 타락시켰고, 정도가 넘는 지식욕은 인간을 타락시켰다. — 베이컨

명성은 모두 위험하다. 좋은 명성은 시기를 가져오고, 좋지 않은 명성은 치욕을 가져온다. — T. 플러

많이 알려진 이름이란 얼마나 무거운 짐이 되는가? — 볼테르

언제까지고 계속되는 불행은 없다. 가만히 견디고 참든지 용기를 내어 내쫓아버리든지 이 둘 중의 한 가지 방법을 택해야 한다. — 로맹 롤랑

우리는 성취에 의해서보다는 오히려 욕망에 의해서 살고 있다. — G. 무어

사람이란 자기가 생각하는 만큼 행복하지도 불행하지도 않다.

- **라 로슈푸코**

세상은 부자에게는 더 많은 것을 주지만, 빈자에게서는 더욱더 빼앗는다.

- **허버트**

정말로 바쁜 사람은 자기의 몸무게가 얼마나 되는지 모른다.

- **하우**

3

시간 – 미래는 주저하면서 다가오고,
현재는 화살처럼 날아가고,
과거는 영원히 정지해 있는 것!

하루하루를 그대의 마지막 날이라고 생각하라.　　- 호라티우스

시간을 선택하는 것은 시간을 절약하는 것이다.　　　- 베이컨

내일은 시련에 대응하는 새로운 힘을 가져다줄 것이다.- C.힐티

지금이야말로 일할 때다. 지금이야말로 싸울 때다. 지금이야말로 나를 더 훌륭한 사람으로 만들 때다. 오늘 그것을 못하면 내일 그것을 할 수 있겠는가.　　　　　　　- 토마스 아 켐피스

때가 오면 모든 것이 분명해진다. 시간은 진리의 아버지이다.
- **타블레**

변명 중에서도 가장 어리석고 못난 변명은 '시간이 없어서' 라는 변명이다.
- **에디슨**

오늘 계란 하나를 가지는 것보다 내일 암탉 한 마리를 가지는 쪽이 낫다.
- **T. 플러**

하루는 영원의 축소판이다.
- **에머슨**

시간은 말로 나타낼 수 없을 만큼 멋진 만물의 소재이다.

― 아널드 버넷

그대는 인생을 사랑하는가? 그렇다면 시간을 낭비하지 말라. 왜냐하면 시간은 인생을 구성하는 중요한 재료이다. 똑같이 출발하였는데, 세월이 지난 뒤에 보면 어떤 사람은 성공하였고 어떤 사람은 낙오자가 되어 있다. 시간이 갈수록 이 두 사람의 거리는 좀처럼 접근할 수 없을 정도로 벌어져 버린다. 이것은 하루하루 주어진 시간을 잘 활용했느냐 허송세월을 보냈느냐에 달려 있다.

― 벤자민 프랭클린

나는 장래의 일을 절대로 생각하지 않는다. 그것은 틀림없이 곧 오게 될 테니까.

― 아인슈타인

미래를 신뢰하지 마라, 죽은 과거는 묻어버려라, 그리고 살아 있는 현재에 행동하라.

― 롱펠로

가라, 달려라, 그리고 세계가 6일 동안에 만들어졌음을 잊지 말라. 그대는 그대가 원하는 것은 무엇이든지 나에게 청구할 수 있지만 시간만은 안 된다.

― 나폴레옹

오늘이라는 날은 두 번 다시 오지 않는다는 것을 잊지 말라.
- 단테

인생은 시간을 낭비함으로써 더욱 짧아진다. - S. 존슨

인간은 항상 시간이 모자란다고 불평을 하면서, 실제로는 마치 시간이 무한정 있는 것처럼 행동한다. - 세네카

시간이 모든 것을 말해준다. 시간은 묻지 않았는데도 말을 해주는 수다쟁이다. - 에우리피데스

사람은 금전을 시간보다 중히 여기지만, 그로 인해 잃어버린 시간은 금전으로는 살 수 없다. - 유대 격언

시간이 덜어주거나 부드럽게 해주지 않는 슬픔이란 하나도 없다. - 키케로

시간이 말하는 것을 잘 들어라. 시간은 가장 현명한 법률 고문이다. - 페리클레스

일은 그것이 쓰일 수 있는 시간이 있는 만큼 팽창한다. - **파킨스**

새해에는 묵은 욕망들을 소생시키고, 고독하고 사려 깊은 영혼이 물러간다. - **오마르 하이얌**

오늘 하루는 온전히 당신의 시간이다. 하루를 선한 행위로 장식하라. - **루스벨트**

시간 엄수는 군주의 예절이다. - **루이 18세**

시간과 정성을 들이지 않고 얻을 수 있는 결실은 없다. - **그라시안**

시간에의 충실, 그것이 행복이다. - **에머슨**

일하는 시간과 노는 시간을 뚜렷이 구분하라. 시간의 중요성을 이해하고 매순간을 즐겁게 보내고 유용하게 활용하라. 그러면 젊은 날은 유쾌함으로 가득 찰 것이고, 늙어서도 후회할 일이 적어질 것이며, 비록 가난하지만 인생을 아름답게 마칠 수 있다.
- **루이사 메이 올콧**

전력을 다해서 시간에 대항하라.   **- 툴스토이**

시간의 걸음걸이에는 세 가지가 있다. 미래는 주저하면서 다가오고, 현재는 화살처럼 날아가고, 과거는 영원히 정지해 있다.
                                                                         - F. 실러

태어날 때부터 현명한 사람은 없다. 시간이 모든 것을 완성한다.   **- 세르반테스**

세월은 누구에게나 공평하게 주어진 자본금이다. 이 자본금을 잘 이용한 사람에겐 승리가 있다.   **- 아뷰난드**

가장 바쁜 사람이 가장 많은 시간을 갖는다. 부지런히 노력하는 사람이 결국 많은 대가를 얻는다.   **- 알렉산드리아 피네**

내가 헛되이 보낸 오늘 하루는 어제 죽어간 이들이 그토록 바라던 하루이다.   **- 소포클레스**

시간을 얻는 사람은 세상을 얻는다.   **- 디즈레일리**

삼십 분을 티끌과 같은 시간이라고 말하지 말고, 그 동안이라도 티끌과 같이 일을 처리하는 것이 현명한 방법이다.   - **괴테**

시간의 참된 가치를 알라. 그것을 붙잡아라. 억류하라. 그리고 그 순간순간을 즐겨라. 게으름을 피우지 말고, 헤이해지지 말며, 우물거리지 말라. 오늘 할 수 있는 일을 내일까지 미루지 말라.   - **체스터필드**

승자는 시간을 관리하며 살고, 패자는 시간에 끌려 산다.

- **J. 하비스**

어려운 일은 시간이 해결해준다.   - **이솝우화**

시간을 지배할 줄 아는 사람은 인생을 지배할 줄 아는 사람이다. - 에센바흐

시간을 최악으로 사용하는 사람들은 시간이 부족하다고 늘 불평하는 것에 일인자이다. - 라 브뤼에르

어제는 돌이킬 수 없는 것으로 우리의 것이 아니지만, 내일은 이기거나 질 수 있는 온전한 우리의 것이다. - L. B. 존슨

우리는 일 년 후면 다 잊어버릴 슬픔을 간직하느라고 무엇과도 바꿀 수 없는 소중한 시간을 버리고 있다. 소심하게 굴기에 인생은 너무나 짧다. - 카네기

시간의 날개를 타고 슬픔은 날아가 버린다. - 라 퐁텐

세월은 본래 길건만 바쁜 자는 스스로 줄이고,
천지는 본래 넓건만 천한 자는 스스로 좁히며,
바람과 꽃과 눈과 달은 본래 한가한 것이건만
악착같은 자는 스스로 분주하느니라. - 채근담

오늘의 식사는 내일로 미루지 않으면서 오늘 할 일은 내일로 미루는 사람이 많다. - C. 힐티

한가한 때 헛되이 시간을 보내지 않으면 다음날 바쁠 때 쓰임이 있게 되고, 고요한 때에도 쉼이 없다면 다음날 활동할 때 도움이 되느니라. 남이 안 보는 곳에서 속이거나 숨기지 않는다면 여럿이 있는 곳에 나갔을 때 떳떳이 행동할 수 있느니라. - **채근담**

현대인은 무슨 일이든 그것을 재빨리 해치우지 않으면 손해본다고 생각한다. 그러나 그들은 무익하게 시간을 보내는 것 외에는 무엇을 해야 할지 모르고 있는 것이다. - **에리히 프롬**

희망과 근심, 공포와 불안 가운데 그대 앞에 빛나고 있는 하루하루를 마지막이라고 생각하라. 그러면 예측할 수 없는 시간은 그대에게 더 많은 기회를 줄 것이다. - **호레스**

계획이란 미래에 관한 현재의 결정이다. - **드래커**

오늘 가장 크게 웃는 자는 역시 최후에도 웃을 것이다. - **니체**

우물쭈물하며 시간을 보내는 것은 시간을 도둑맞는 것이다.
- **작자 미상**

시간은 우리들 위를 비상하지만 그 그림자는 뒤로 남긴다.- **호손**

시간을 지키고 안 지킴에 따라 사람의 품위가 결정된다.
- **브하그완**

시간은 모든 권세를 침식하고 정복한다. 시간은 신중히 기회를 엿보고 있다가 이를 포착하는 자의 벗이며, 때가 아닌데 너무 서두르는 자에겐 최대의 적이다. - **플루타크**

시간에는 현재가 없다. 영원에는 미래도 없고 과거도 없다.
- **테니슨**

현재의 나를 과거의 나라고 독단하지 말라. - **셰익스피어**

시간은 옛것을 낡게 하고 모든 것을 먼지로 화하게 하는 기술을 가지고 있다. - **브라운경**

가장 현명한 사람은 허송세월을 가장 슬퍼한다. **- 단테**

시간을 잘 활용하는 사람은 이 세상의 모든 것을 가질 수 있는 능력을 가지고 있다. **- 디즈레일리**

시간이나 조수를 붙들어놓을 수 있는 사람은 단 한 사람도 없다. **- 번스**

영혼의 자산을 향상시킬 시간을 가진 자는 진실로 휴가를 즐긴다. **- 도라**

휴식을 너무 많이 취하면 녹이 슨다. **- W. 스콧**

시간은 사람이 소비하는 것 중에서 가장 가치 있는 것이다.
- 데오프라스토스

근면하고 성실하게 살아라. 그리고 늘 유익한 일에 열중하라.
- 프랭클린

하루의 가장 달콤한 순간은 새벽에 있다. - 윌콕스

하루하루를 최후의 날처럼 보내야 한다. - 푸블릴리우스 시루스

시간은 영혼의 생명이다. - 롱펠로

과거 우리에게는 깜박이는 불빛이 있었으며, 오늘날의 우리에게는 타오르는 불빛이 있다. 그리고 미래에는 온 땅 위와 바다 위를 비추어주는 불빛이 있을 것이다. - 처칠

아침잠은 지출이다. 그러므로 이렇게 비싼 지출을 아껴 쓰도록 노력해야 한다. - 카네기

미래에 관한 무지는 신이 정한 영역을 배우기 위한 고마운 선물이다. - 포프

진정으로 당신 스스로를 사랑한다면 시간을 낭비하지 말라. 시간이야말로 생명을 만드는 재료이다. - 프랭클린

절대 시간에 얽매이지 말라. 시간을 정복할 수는 없다.
- W.H. 오든

현재는 과거의 제자다. - 프랭클린

어려울 때는 과거를, 즐길 때는 현재를, 어떤 일을 할 때는 미래를 생각하여라. - 주베르

시간은 소리 없이 왔다가 간다. - G. 허버트

시간을 헛되이 보내지 말라. 인생이란 결국은 시간을 차곡차곡 쌓아올리는 것이다. - 프랭클린

인생은 짧다. 그러므로 어떻게 인생을 살아갈 것인가 하고 이것저것 생각하는 데 시간을 소비해서는 안 된다. - S. 존슨

현재 존재하는 사물들은 모두 무한한 과거에 존재했었고 영원히 존재하게 될 것들이다. 왜냐하면 만물은 본질적으로 같은 것이며, 동일한 원리의 지배를 받기 때문이다. - 아우렐리우스

즐겁게 하는 활동은 금세 시간이 흐른다. - **셰익스피어**

한창 때는 다시 오지 않고, 하루가 지나면 그 새벽은 다시 오지 않는다. 때가 되면 마땅히 스스로 공부에 힘써야 하며 세월은 사람을 기다리지 않는다. - **도연명**

나는 과거에 의거하는 것 이외에는 미래를 예측할 방법을 알지 못한다. - P. **헨리**

우리는 결코 시간에 얽매이지 않는다. 시간은 사람을 위한 것이지, 사람이 시간을 위한 것은 아니기 때문이다. - **라블레**

짧은 인생이 시간을 허비함으로써 더욱 짧아진다. - **새뮤얼 존슨**

서둘러라, 돌아오는 시간을 기다리지 말고. 오늘 하루를 낭비한 사람은 내일도 똑같은 하루를 보낼 것이다. - **오비디우스**

시간은 언제나 한결같이 흘러간다. - **세르반테스**

너의 손에 닿은 물은 지나간 물의 마지막인 것, 그리고 다가올 물의 처음인 것이다. 현재도 바로 그런 것이다.   - **다빈치**

빨리 지나가는 시간을 아껴라. 지루함을 느끼는 것에 대해 기품 있게 배워라.   - **오슬리 경**

시간의 가치는 모든 인간의 믿음 속에 있지만 실천하는 사람은 드물다.   - **체스터필드**

만약 우리가 현재와 과거를 가지고 서로 경쟁한다면 반드시 미래를 놓치게 될 것이다.   - **처칠**

내일은 노련한 사기꾼이다. 그의 사기는 언제나 그럴싸하다.
    - S. **존슨**

과거는 지나간 장례식 같고 미래는 불청객처럼 온다.   - E. **고스**

미래를 알려거든 먼저 너 자신 스스로를 알라.   - **명심보감**

시간은 모든 것을 익어가게 한다. 시간의 힘에 의해 모든 것이 명백해진다. 따라서 시간은 진리의 아버지라고 할 수 있다.

- 라블레

시간은 돈이다. - 서양 격언

현재는 과거보다 더욱, 그리고 미래는 현재보다 더욱 나의 관심을 끈다. - 디즈레일리

이 짧은 시간을 즐기자. 사람에게는 항구가 없고, 시간에게는 연안이 없다. 그래서 시간을 지나 우리는 떠난다. - 라마르틴

시간은 모든 것을 잊게 하는 효력 있는 약이다. - 서양 격언

시간은 우정을 더욱 강하게 하지만 연애는 약하게 만든다.

- 라 브뤼에르

만약 내가 신(神)이었다면 나는 인생의 마지막에다 젊음을 두었을 것이다. - 그라시안

상처는 쉽게 낫지만 그 흔적은 영원히 남는다.   - J. 레이

현재가 너무나 빨리 지나가기 때문에 현재를 살고 있는 우리들은 그 순간 우리의 인생을 깨닫지 못한다.   - G. 무어

시간은 흐르는 강이다. 유수에 거역하지 않고 운반되는 자는 행복한 자다.   - 몰리

육체는 시간 속에 있지만 마음은 공간 속에 있다.   - 브하그완

만일 인간들이 미래에 관심을 두지 않는다면 그들은 곧 현재를 슬퍼해야 할 것이다.   - W. G. 베넘

과거도 버리고 미래도 버려라. 그리고 현재의 이 내 몸은 생각지도 말라. 마음에 걸리는 모든 것들을 버리면 생사의 괴로움을 받지 않으리라.   - **법구경**

미래는 과거와 현재에 의해서 이루어진다.   - S. **존슨**

허전한 마음으로 과거를 되돌아보지 말라. 그것은 두 번 다시 오지 않을 것이므로 빈틈없이 현재를 이용하라. 그것을 실행에 옮길 사람은 곧 당신이다. 그림자와 같은 미래를 향하여 전진하라. 두려워하지 말고 늠름하게 나아가라. **- 롱펠로**

시간은 당신을 희망과 절망이라는 두 개의 물결 속으로 동시에 인도한다. **- 톨스토이**

성인과 죄인 사이의 유일한 차이점은 모든 성인은 과거를 가지고 있고 모든 죄인은 미래를 가지고 있다는 점이다. **- 와일드**

미래에 대해서 걱정하지 말라. 필요하다면 현재에 도움이 될 수 있는 지성의 검으로 당당히 미래와 맞서라. **- 아우렐리우스**

미래란 지금이다. **- 마거릿 미드**

시간은 이 세상의 모든 것을 정복한다. 하지만 우리는 시간을 충분히 활용하여 같이 나아가야 한다. **- 포프**

시시각각으로 변하는 시각은 이미 흘러가지만 흘러간 시간은 다시는 돌아오지 않는다. - 키케로

시간의 가르침을 잘 들어라. 시간은 가장 현명한 법률 고문이다. - 페리클레스

시간은 모든 것을 조용히 가져가 버린다. 뿐만 아니라 시간은 인간의 마음마저도 앗아가 버린다. - 베르길리우스

과거의 일은 이미 지나간 일이라고 해서 처리해버리면 그것으로써 우리는 미래도 포기하게 된다. - 처칠

내일은 생각하지 않는 것이 좋다. 그러나 내일을 생각하지 않기 위해서는 하나의 방법밖에 없다. 그것은 오늘 하루를 어떻게 훌륭하게 보냈나, 지금 이 순간의 일을 어떻게 훌륭하게 끝마쳤는가를 끊임없이 생각하고 반성하는 것이다. - 톨스토이

시간에 항상 충실하는 것, 이것이 바로 행복이다. - 에머슨

시간이란 없다. 있는 것은 한순간뿐이다. 그리고 그 순간에 우리의 전 생활이 있다. 따라서 우리는 이 순간에 모든 것을 발휘해야 한다. **- 톨스토이**

모든 것은 과거로 흘러가 버린다. 그것을 나는 알고 있다. 따라서 나는 현재에만 관심을 가지고 있다. **- 지드**

이전에 존재했던 시대가 지금 존재하는 시대보다 훌륭했다는 환상이야말로 모든 시대에 보편적으로 흐르고 있는 환상이다.
- 슈바이처

오늘을 버리고 영원한 내일에 몸을 의탁하는 것은 불행한 사람이 선택하는 행위이며, 그들 대부분은 약하고 겁이 많은 사람들이다. **- 볼테르**

현대인들은 자기가 일을 신속히 하지 못할 때는 시간을 잃었다고 생각한다. 그럼에도 자기가 얻는 시간으로 오직 시간을 죽일 뿐 무엇을 어떻게 해야 할지 알지 못한다. **- E. 프롬**

신마저도 과거를 되돌릴 수는 없다. **- 아리스토텔레스**

태양 아래 영원한 것은 없다. 그러나 운명의 여신은 그 변화를 즐기려 하고, 인간은 그녀의 힘을 잘 알고 있다.　- **마키아벨리**

과거를 되돌아볼 수 없는 사람은 과거를 되풀이하는 운명을 가지고 있다.　- **산타야나**

현재는 없다. 이와 같이 현재가 존재하지 않는다고 하면 무엇을 기준으로 과거니 미래니 하고 말을 할 것인가? 과거다 미래다 하는 말은 원칙적으로 성립할 수 없는 말이다. 다만 우리가 가정을 해서 하는 말에 지나지 않는다.　- **청담조사**

권태로워하는 인간은 어떤 인간보다도 경멸해야 할 것이다.
- 버틀러

시계를 절대로 보지 말고 시간을 아껴 써야 한다. 이 말은 젊은 이가 꼭 알아두어야 할 말이다.
- 에디슨

시간의 참된 가치를 모르는 사람은 출생의 영광을 얻지 못하는 사람이다.
- 보브나르그

시간은 여러 가지 사건으로 형성된 강물과 같다. 특히 격류와 같다. 왜냐하면 하나의 물이 나타나는가 하면 곧 사라지고 그 대신 다른 물이 와서 이것 역시 곧 사라지기 때문이다.
- 아우렐리우스

우리는 지나간 시간을 찾을 길이 없다. 그러나 우리가 잠든 순간에 잃어버린 시간이 하나의 동그라미가 되어 우리 앞에 나타난다.
- 프로스트

미래를 위해서 무엇을 해야 할지는 아무도 알 수 없다. 그래서 인생은 멋진 것이다.
- 톨스토이

열심히, 열심히 노력해보라. 시간은 매우 공평한 것으로 미지의 내일이 당신에게만 나쁠 이유가 없는 것이다.   - **법구경**

시간을 가장 쓸데없이 소비하는 자가 먼저 그것이 짧다고 불평한다.   - **라 브뤼에르**

시간엄수는 군주의 예절이다.   - **루이 18세**

세월은 양서에서 얻은 것보다 더 많은 것을 가르쳐준다.
    - **서양 격언**

먼 훗날의 약속보다 당장의 거절이 낫다.   - **덴마크 격언**

사람들은 약속을 어기지 않는 것이 양자에게 다같이 유리할 때 약속을 지킨다.   - **솔론**

젊은이들은 자기보다 나이 많은 사람을 노망한 사람으로 간주하는 버릇이 있다.   - **애덤스**

사람은 자기를 기다리게 하는 자의 결점을 계산한다.

- **프랑스 속담**

젊었을 때 여러 가지 실수를 해보지 않은 사람은 중년이 되어 무능력한 사람으로 전락할 것이다. - **코린스**

약속은 태산처럼 해놓고, 실천은 두더지 둔덕만큼 한다. - **스퍼전**

젊었을 때는 불만이 있어도 비관해서는 안 된다. 언제나 항전(抗戰)하고, 또 자위(自衛)하여라. 그래도 만약 가시가 있어 밟아야 한다면, 물론 밟는 것도 좋지만, 밟지 않아도 되는 것이라면 함부로 밟아서는 안 된다. - **노신**

약속으로 배가 채워지지는 않는다. - **스퍼전**

장사꾼같이 약속하고 군함같이 갚아라. - **T.플러**

청춘은 이유도 없이 웃는 법이다. 바로 그것이 청춘의 가장 중요한 매력의 하나이다. - **와일드**

당신이 시간과 재능과 돈과 머리와 기술과 조직을 가지고 있다 하더라도, 젊음을 가지고 있지 않다면 어떤 것도 성공시킬 수 없을 것이다. 젊음이란 인생의 끊임없는 에너지이며 꺼지지 않는 왕성한 추진력이다. 젊음은 인생을 얼마든지 풍요롭게 가꿀 수 있는 무한대의 자원을 가진 힘의 보고이다.   - **실러**

청춘은 옆에서 유혹하는 사람이 없어도 스스로 모반을 꿈꾼다.
    - **셰익스피어**

강요당한 상태에서는 절대로 말하지 말라. 그리고 지킬 수 없는 약속은 하지 말라.   - **로얼**

해놓은 약속은 미지불의 부채이다.   - **서비스**

청년이 청년을 인도하는 것은 맹인이 맹인을 인도하는 것과 같다. 그들은 머지않아 도랑에 같이 빠질 것이다.   - **체스터필드**

비통함 속에 빠져 있는 사람과의 약속은 가볍게 깨진다.
    - **J.메이스필드**

약속을 잘하는 사람은 잊어버리기도 잘한다.   - T. 풀러

'우리는 성인이 아니지만 약속을 지켰다'고 얼마나 많은 사람들이 그렇게 자랑할 수 있는가?   - S. 베케트

청춘은 미래가 있다는 것만으로도 충분히 행복하다.   - 고골리

사람은 자기가 한 약속을 지킬 만한 좋은 기억력을 가져야 한다.   - 니체

젊은이들은 마음이 변하기 쉽다. 그러나 노인은 어떤 문제에 부딪치면 앞뒤를 모두 돌아본다.   - **호메로스**

청춘은 두 번 오지 않으며, 새벽은 두 번 있지 않나니, 젊어서 부디 힘써라. 세월은 결코 나를 기다리지 않는다.   - **주희**

떨쳐 일어나야 할 때 일어나지 않고, 젊음만 믿고 노력하지 않으며, 마음이 약하고 인형처럼 게으르면 사람은 늘 어둠 속을 헤매고 다니리라.   - **법구경**

정열에 휩싸여 있는 남자는 미친 말도 다스린다.   - **프랭클린**

오늘 할 수 있는 일에 전력을 쏟으라.   - **뉴턴**

게으른 소년과 푹신한 침대를 떼어놓기란 매우 어려운 일이다.   - **덴마크 격언**

우리는 젊었을 때 배우고, 나이 먹어서 이해한다.   - **에셴바흐**

젊었을 때 쓴물을 마셔보지 않은 사람은 성공할 수 없다. 나는 고생을 스승으로 섬긴다. 사람은 고생을 해보지 않으면 당장 우쭐대는 버릇이 생긴다.
- 야마모토 유소

젊음, 그것은 힘의 원천이다. 청년들이여! 절대 좌절하거나 낙심하지 말라. 그대들 안에 이미 무한한 힘이 잠재되어 있나니, 더 강한 정신력으로 그 힘을 일깨워라! 그리고 정신을 그대들의 참된 지배자로 알라. 결코 무력한 육체의 노예가 되지 말라.
- 에머슨

젊은 시절의 실수는 장년의 성취나 노년의 성공보다 더 믿음직한 것이다.
- 디즈레일리

젊었을 때 지나치게 방종하면 마음의 윤기가 사라진다. 그렇다고 해서 지나치게 절제하면 머리가 굳어버리고 만다. - 생트 뵈브

젊은이들은 앞으로 재빠르게 전진한다. 모든 기쁨의 나라는 그들의 눈앞에 펼쳐져 있다. 그러나 늙은 사람은 넘어지고 뒤를 돌아보면서 느릿느릿 제자리걸음을 한다. 모든 기쁨의 나라는 그들의 뒤에 있기 때문이다. 슬픔 때문에 망설이지 말라. 목적을 이루는 그 시각까지!
- 캠블

젊음을 올바로 다스릴 줄 아는 사람만이 노년을 편안하게 지낼 수 있다. - 장자

젊은이는 사랑하기 위해서 살고, 나이 들면 살기 위해서 사랑한다. - 레불몬

술에 취한 사람이 자기는 똑바로 가고 있다고 생각하는 것처럼, 젊은이는 자기를 영리하다고 생각하기 쉽다. - 체스터필드

청년들에게 이렇게 권하고 싶다. "청년들이여, 일하라! 청년들이여, 더욱 일하라! 청년들이여, 끝까지 일하라!" - 비스마르크

기도는 하늘의 축복을 받고 노동은 땅에서 축복을 파낸다. 또 기도는 하늘에 차고, 노동은 땅에 차니, 이 둘이 당신의 집에 행복을 실어다준다. - 몽테뉴

돈만 있으면 이 세상에서 많은 것을 살 수 있다. 하지만 젊음은 돈으로 살 수 없다. - 라이문트

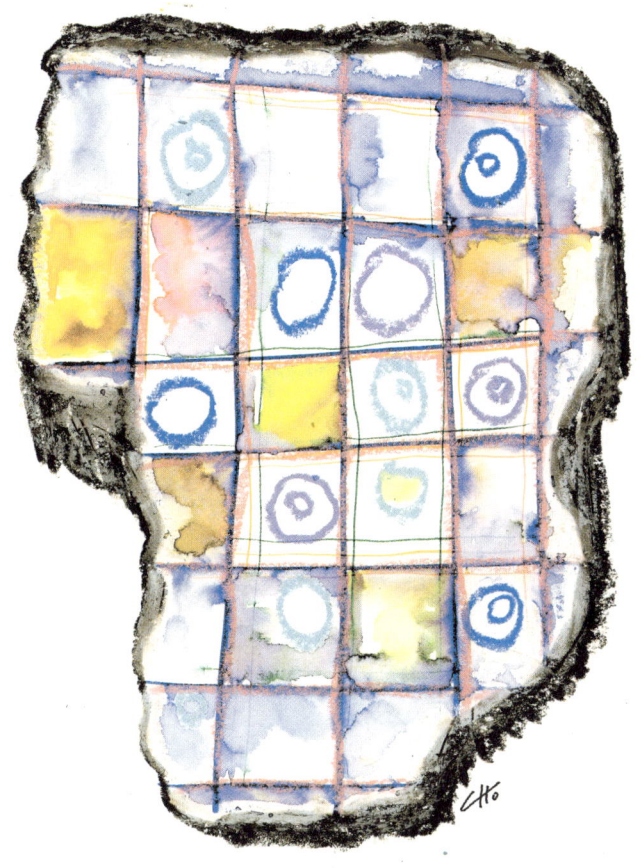

위대한 일의 대부분은 청년기에 이루어진다.   **- 디즈레일리**

청년은 희망의 그림자를 가지고 있고, 노인은 회상의 그림자를 가지고 있다.   **- 키에르케고르**

청춘은 참으로 기묘하다. 외부는 붉게 빛나고 있지만, 내부에서는 아무것도 느낄 수 없다.   **- 사르트르**

세상에서 젊음처럼 귀중한 것은 없다. 젊음은 마치 돈과 같다. 돈과 젊음은 모든 것을 가능하게 한다.   **- 고리키**

오늘 하루를 헛되이 보냈다면 그것은 커다란 손실이다. 하루를 유익하게 보낸 사람은 하루의 보물을 파낸 것이다. 하루를 헛되이 보냈다는 것은 내 몸을 헛되이 소모하고 있음을 기억해야 한다.   **- 아미엘**

지나가는 날들은 잃어버린 시간이며, 게으름과 무기력한 시간이며, 몇 번이고 맹세를 해도 지키지 못하는 시간이며, 때때로 이사를 하고 끊임없이 돈을 구하는 데 분주한 시간이다.
    - J. P. 사르트르

청년기는 실수의 연속이요, 장년기는 투쟁의 연속이요, 노년기는 후회의 연속이다. **- 디즈레일리**

노년의 결핍을 보충할 수 있는 것을 청년 시절에 몸에 익혀둬라. 만약 노년의 식량이 지혜라는 것을 이해한다면 영양실조에 걸리지 않도록 젊었을 때 공부해라. **- 다빈치**

4

인간 정신의 최고의 자양분, 예술!

그 토양을 이루는 명상과 독서…

인간이 생각할 수 있는 진리치고 음악에서 나오는 진리보다 더 참된 것은 없다. - **브라우닝**

모든 화가는 자신의 영혼에 붓을 적셔서 자신의 참모습을 그림으로 옮긴다. - **H.W. 비처**

문학을 상업적으로 이용하지 말고 소중히 다스려라. - **콜리지**

이 어려운 시대에 시인이 다 무슨 소용이 있단 말인가. - **횔덜린**

예술은 그것에 대해 알면 알수록 인간을 놀라게 하는 그 무엇을 가지고 있다. — **지드**

예술가는 그 자신의 작품에 종속된다. 작품이 그 작가에게 종속되는 것이 아니다. — **노발리스**

나는 옛날부터 예술이며 자연으로부터 풍성한 내적 보물을 구해왔다. 그리하여 가는 곳마다 졸고 있는 미를 발견하는 법칙을 익혔다. — **헤세**

예술가를 더욱 예술가답게 하는 것은 무엇일까? 예술가들에게 필요한 모든 것은 모두 병적인 현상과 친근하게 맞물려 있다. 즉 환자가 아닌 예술가는 비정상적이다. — **니체**

인간은 누구나 환경에 의해서 거짓말을 한다. 특히 화가와 시인은 거짓말을 할 자유를 가졌다. — **세르반테스**

재능 없는 인간이 예술을 추구하는 것처럼 비극적인 일은 없다. — **S. 몸**

문학의 진보, 다시 말하면 사고와 표현 기술의 완성은 자유의 건설과 그 보존에 필요하다.   - 스탈 부인

예술은 하나의 허위이다. 그러므로 나는 아름다움 속에 감추어진 허위를 사랑할 수 없다.   - 톨스토이

화가는 단순히 자연을 모방하거나 묘사하는 것이 전부가 아니다. 자연 쪽에서 그림 쪽으로 움직여오도록 진리의 이동을 진행시켜야 한다.   - 피카소

신비로움이라는 것은 하나의 분위기라고 할 수 있는 것이다. 훌륭한 예술 작품은 대부분 그것을 지니고 있다.
   - 로댕

건축물을 볼 때는 세 가지를 주의 깊게 살펴보아야 한다. 알맞은 장소에 서 있는가? 안전하게 축조되었는가? 성공적으로 관리되고 있는가?
   - 괴테

음악이 천사의 언어라 함은 지당한 표현이다. - **칼라일**

예술가는 작품의 완성을 위하여 자신의 삶을 희생하여야 한다. 마치 벌들이 침을 쏘는 데 전 생애를 바치는 것과 같이. - **에머슨**

비평가가 되려는 사람이 반드시 시인이 되어야 할 필요는 없다. 그러나 훌륭한 비평가가 되려면 서투른 시인이 되어서는 안 된다. - **W. 헤즐릿**

감미로운 화음에 감동하지 않는 사람, 그런 사람은 배신, 음모, 강도질을 하는 일에 적합하다. - **셰익스피어**

참다운 예술 작품은 언제나 인간적인 척도에 머문다. - **카뮈**

진리는 매우 딱딱하다. 그러나 진리 속에서 우리는 예술을 찾는다. - **니체**

예술은 정돈된 인생이며 생명의 제왕이다. - **로맹 롤랑**

감정과 의지에서 나오지 않는 예술은 참된 예술이라고 할 수 없다.
- 괴테

뱀, 또는 흉한 괴물의 모습도 예술적으로 형상화되면 보는 사람의 눈을 즐겁게 한다.
- 부아로

모든 사물이 아름답다고 생각하는 것은 바로 당신의 눈이다.
- 크세노폰

시는 사물을 표현하는 가장 아름답고 인상 깊고 광범위한 효력을 가진 양식이다. 여기에 그 중요성이 있다.
- 아널드

시인이란 그 마음속에 남이 알지 못하는 깊은 고뇌를 감추고 있으면서 그 탄식과 비명이 아름다운 음악을 연주하면서 흘러나오게 되어 있는 입술을 가지고 있는 불행한 사람이다.
- 키에르케고르

매우 세련된 예술이라고 할지라도 그것이 도덕적 이념이나 이상에 의해 이루어진 것이 아니라 오로지 예술 자체의 만족에만 빠져 있다면 그것은 하나의 오락에 지나지 않는다.
- 칸트

예술이란 창작자가 그 자신의 작품에 도달하는 길이다. - **에머슨**

예술이란 인간 생활에서 일어나는 일상적 의미를 예술적 의미로 승화시키는 것으로, 인간 의식의 내면적인 갈등 속에서 아름다움과 즐거움을 찾아내려는 노력이다. - **첨담조사**

예술은 광고의 양식이 아니라 진리의 양식이라는 것을 잊어서는 안 된다. - **케네디**

예술가는 제아무리 천재라 하더라도 교만함에 빠져서는 안 된다. - **로맹 롤랑**

예술은 진리가 아니라 우리에게 진리를 깨닫게 하는 거짓이다. 예술가는 거짓의 진실로 다은 사람을 설득시키는 방법을 알아야 한다. - 피카소

시의 한 가지 장점을 부정할 사람은 없을 것이다. 즉 그것은 산문보다 적은 말로써 더 많은 것을 표현한다는 것이다. - 볼테르

아름다움을 사랑하는 것은 취미요, 아름다움을 창조하는 것은 예술이다. - 에머슨

인생은 짧고 예술은 길며, 세월은 확실하고, 경험은 간사스럽고, 판단은 어렵다. - 히포크라테스

예술은 저항이 극복되는 시점에서 저항으로 다시 돌아온다. 인간이 만든 불세출의 명작 가운데 커다란 노력 없이 창조된 것은 없다. - 지드

태양은 도덕적이지도 부도덕적이지도 않다. 그것은 원래 모습 그대로 존재하며 어둠을 정복한다. 예술 역시 이와 같다.
 - 호라티우스

새로운 예술은 옛 것을 파괴한다. - 에머슨

시인은 세상이란 무대에 나타나는 걸 싫어한다. - 디즈레일리

가는 거짓의 진실로 다른 사람을 설득시키는 방법을 알아야 한다. - 피카소

진정한 예술 작품은 신비롭게 태어난다. 예술가의 정신이 살아 있다면 그것은 계산이나 이론이 필요 없는 것이다. - 칸딘스키

타인의 뒤를 따라가는 사람은 결코 전진한다고 볼 수 없는 사람이다. 그리고 자기 자신 속에서 창조할 줄 모르는 사람은 타인의 작품 속에서 어떤 것도 찾아내지 못한다. - 미켈란젤로

감추는 것은 참된 기술이 아니다. - 오뷔트

역사는 이루어진 소설이며, 소설은 만들어질 수 있는 역사이다.
- 공쿠르 형제

문학이나 예술 부분에서 실패한 사람이 평론가들이다.
- 디즈레일리

장중하면서도 간결한 예술은 예술가에게도 대중에게도 최고로 호소력 있는 작품이라고 할 수 있다. - 아미엘

세상에서 들을 수 있는 가장 숭고한 시가는 어린이들의 입에 오르는 인간적 생기가 도는 혀짜래기 말이다. - V. 위고

예술이 건강하기 위해서는 모든 사람들이 이해할 수 있게 표현되어야 한다. - 로맹 롤랑

마치 태양이 꽃을 물들이는 것같이 예술은 인생을 물들인다.
- 러버크 경

소인(小人)의 학문은 귀로 들어오고 입으로 나간다. - 순자

분별력이 있는 사람이라면 발광하는 시인과의 접촉을 꺼릴 것이다. - 호라티우스

무지함을 두려워 말라. 잘못 알고 있는 지식을 두려워하라.
- **파스칼**

현실에 대해 눈을 감을 수는 있어도 기억에 대해 눈을 감을 수는 없는 법이다.
- **스타니슬라브 J. 룩**

배우로서 다른 예술 분야보다 가장 먼저 익혀야 될 것은 관찰이다.
- **브레히트**

예술은 나다. 그리고 과학은 우리다.
- **클로드 베르나르**

마치 화가가 붓과 물감을 가지고 생각하는 것처럼 소설가는 이야기를 가지고 깊이 있게 생각한다.
- **S. 몸**

건축이 미술이라고 한다면 장식은 건축의 가장 핵심 부분이다.
- **J. 러스킨**

돈 가진 자의 노예가 되어 가난한 자를 조롱하는 예술은 사멸할 수는 있을지언정 번영해 나갈 수는 없다.   - **톨스토이**

그림은 미리 생각으로 결정되는 것이 아니다. 제작 중에 사상이 변하면 그림도 따라서 변한다. 그리고 완성된 후에도 보는 사람의 마음 상태에 따라서 계속 변할 수 있다.   - **피카소**

인생은 진지하고 예술은 쾌활하다.   - **실러**

자연이 예술을 부러워하는 일은 없다. 예술은 자연의 복사물이기 때문이다.   - **아우렐리우스**

진정한 예술가는 자신의 아내를 굶주리게 할 것이며, 자기 자식들을 맨발로 나가게 하고, 자신의 어머니가 70세까지도 자식을 뒷바라지하도록 할 것이다. 그리고 그는 자기 예술 외에는 아무것도 하지 않을 것이다.   - **버나드 쇼**

인생은 살 가치가 있다. 그것은 모든 예술의 궁극적 목적이며 위안이다.   - **헤세**

음악은 사나운 마음을 잠재우는 마력이 있다. 그러나 비음악적인 것을 잠재울 수는 없다.　　　　　　　　　　　　**- A. 체이스**

많은 시인들은 자신도 이해하지 못하는 위대하고 현명한 말들을 한다.　　　　　　　　　　　　　　　　　　　　**- 플라톤**

책을 백 번 읽으면 그 뜻이 저절로 통한다.　　　　　　**- 위략**

재능만으로는 작가가 될 수 없다. 책 뒤에 사람이 있어야 한다.
　　　　　　　　　　　　　　　　　　　　　　- 에머슨

모름지기 남자는 다섯 수레의 책을 읽어야 한다.　　　**- 두보**

가난한 사람은 책으로 인해 부자가 되고, 부자는 책으로 인해 존귀하게 된다.　　　　　　　　　　　　　　　　**- 고문진보**

대화할 때는 그 얼굴이나 용맹함이나 조상이나 문벌을 가지고 이야기할 것이 아니다. 독서한 내용을 가지고 이야기해야 한다.
　　　　　　　　　　　　　　　　　　　　　　- 공자

열쇠로 상자를 열듯이 문학은 마음의 문을 연다.   - **하얼**

누구에게나 정신적으로 하나의 기원(紀元)을 만들어주는 책이 있다.   - **파브르**

책 속에는 과거의 모든 영혼이 가로누워 있다.   - **칼라일**

독서는 완성된 사람을 만들고, 담론은 재치 있는 사람을 만들고, 필기는 정확한 사람을 만든다.   - **베이컨**

독서는 다만 지식의 재료를 공급할 뿐이며, 그것을 자기 것이 되게 하는 것은 사색의 힘이다.   - **존 로크**

어떤 책은 맛만 봐도 되고, 어떤 책은 통째로 삼켜야 하며, 또 어떤 책은 씹어서 소화시켜야 할 것이 있다.   - **베이컨**

처음 책을 읽을 때에는 한 사람의 친구와 알게 되고, 두 번째 읽을 때에는 옛 친구를 만난다.   - **중국 속담**

단 한 권의 책밖에 읽은 적이 없는 인간을 경계하라. - **디즈레일리**

책 없는 방은 영혼 없는 육체와 같다. **- 키케로**

집은 책으로, 정원은 꽃으로 가득 채워라. **- 앤드루 랑그**

책은 책 이상이다. 책은 생명이다. 지난 시절의 심장의 핵심이요, 인간이 왜 살고 일하며, 죽었는가에 대한 이유이며, 생애의 본질과 정수이다. **- A. 조웰**

생각하지 않고 책을 읽는 것은 제대로 씹지 않고 음식물을 삼키는 것과 같다. **- 바이크**

당신에게 가장 필요한 책은 당신으로 하여금 가장 많이 생각하게 하는 책이다. **- 마크 트웨인**

보기 드문 지식인을 만났을 때는 그가 무슨 책을 읽는가를 물어보아야 한다. **- 에머슨**

독서와 마음의 관계는 운동과 육체의 관계와 같다. - R. 스릴 경

인생은 매우 짧고 그 중에서도 조용한 시간은 얼마 안 된다. 그러므로 우리는 그 시간을 가치 없는 책을 읽는 데 낭비하지 말아야 한다.   **- J. 러스킨**

우리는 책이 불에 탈 수 있다는 것은 알지만, 책을 불로 죽일 수 없다는 더 큰 지식을 가지고 있다. 사람은 죽어도 책은 결코 죽지 않는다. 그 누구도, 어떤 힘도 기억을 제거할 수는 없다. 아시다시피 책은 삶이라는 전쟁터에서 가질 수 있는 가장 큰 무기이다.   **- 루스벨트**

책은 세상 안에 있는 또 하나의 세상이다. 나는 긴 잠, 다시 말해서 죽을 때, 책을 베개삼아 누울 것이다.   - A. 스미스

독서의 진정한 기쁨은 몇 번이고 그것을 되풀이하여 읽는 데 있다.   - D. H. 로렌스

책이란 잘 이용하면 가장 좋은 것이고, 악용하면 나쁜 것 중에서도 가장 나쁜 것이 된다.   - 에머슨

책은 그 저자인 인간들과 마찬가지로 세상에 나오는 데 한 가지 길밖에 없지만 세상에서 나가는 길은 1만 가지나 되며 다시는 돌아오지 않는다. - J. 스위프트

황금을 상자에 가득 채우는 것이 자식에게 경서 한 권을 가르치는 것만 못하고, 자식에게 천금을 주는 것이 그들에게 한 가지 재주를 가르치는 것만 못하다. - 반고

나는 재산도 명예도 권력도 다 가졌으나, 생애 중 가장 행복했던 순간은 독서를 통하여 얻었다. 독서처럼 값싸고 영속적인 쾌락은 없었다. - 몽테스키외

독서에 소비한 만큼의 시간을 생각하는 데 소비하라. - 베넷

아무리 어려운 글이라도 일백 번 정도 되풀이하여 읽으면 그 참뜻을 스스로 깨우쳐 알게 된다. - 주차훈학육기

단지 도착하기 위한 여행이라면 불행한 여행이며, 그 책이 어떻게 끝을 맺을 것인가를 알기 위한 독서라면 가련한 독서이다. - A. 콜런

읽은 책이 한 권이면 한 권의 이익이 있다. 하루 종일 글을 읽었다면 하루의 이익이 있다.   - **과문철**

양시는 향료를 써서 소중하게 보존된 위인이 쓴 피다. - **J. 밀턴**

우선 제1급의 책을 읽어라. 그러지 않으면 그것을 읽을 기회를 전혀 갖지 못하게 될지도 모른다.   - **도로**

어리석은 사람은 이름난 작가의 것이라면 무엇이든지 찬미한다. 나는 오직 나를 위해서만 읽는다.   - **볼테르**

책만큼 매력적인 가구는 없다.   - **S. 스미스 훌전드 부인**

책을 읽되 전부 삼켜버리지 말고, 무엇에 이용할 것인가를 새겨두어야 한다.   - **H. 입센**

사귀는 벗을 보면 그 사람을 알 수 있듯이 읽는 책을 보면 그 사람의 품격을 알 수 있다.   - **스마일스**

책을 읽는 것은 책을 쓴 저자에게서
뭔가를 배우고 싶다, 그의 사상
속에 들어가고 싶다는 욕
구 때문이지, 나의 생각
을 그에게서 찾아내기
위한 것은 아니다.
- 러스킨

책 한 권 읽는 것을 마치지 않고서는 절대로 다른 책을 읽지 말라. 한 권을 다 읽었다 하더라도 그 뜻을 체득하지 못하였으면 또 다른 책을 읽지 말라. - 북스턴

책 속에 과거의 모든 마음이 잠자고 있다. 오늘의 참다운 대학의 목적은 잠자고 있는 책을 일깨우는 데 있다. - 칼라일

큰 도서관은 인류의 일기장과 같다.
- G. 도손(버밍햄 자유도서관 개관식 연설 중에서)

많이 읽은 사람에 대한 우리의 높은 존경은 문학에 바치는 더할 수 없는 찬양이다. - 에머슨

인간 정신의 최고의 자양분, 예술!

학자 가운데 섞인 무식쟁이는 백마 속에 섞인 까마귀이다.
- **힌두 격언**

당신이 깨어 있을 때 당신에게서 일어나고 있는 모든 것과 당신의 주위에서 일어나고 있는 모든 것에 대해 민감해질 때 따뜻함과 부드러움이 당신으로부터 흘러나오게 된다. 당신의 삶에 있어서 햇볕은 따뜻하고, 바람은 아늑함과 생동감이 넘치게 하며, 삼라만상은 늘 푸르름 속에 머물러 있게 되는 것이다.
- **브하그완**

나는 책을 싫어하는 왕이 되기보다는 차라리 책을 좋아하는 가난뱅이가 되고 싶다. - **어느 철학자의 독서예찬**

만 권의 책을 읽으면 신의 경지에 이른다. - **소식**

너의 괴로움을 위로받고 싶을 때는 너의 책에게로 달려가라. 책은 언제나 변함없이 친절하게 너를 대할 것이다. - **T. 풀러**

천천히 읽는 법을 배워라. 모든 다른 장점들이 적당한 곳에서 따라올 것이다. - **W. 워커**

천재성을 지닌 인간으로서 그 위에 적어도 다른 두 가지를 더 지니지 않은 사람은 도저히 참을 수 없다. 그 두 가지란 감사와 순결성이다.
- 니체

자기의 전력을 다 쏟지 않은 독서는 훌륭한 독서 행위라고 할 수 없다. 만일 독서를 한 후에 피로하지 않으면 그 독자는 아무 것도 얻은 것이 없다고 할 수 있다.
- A. 베넷

책이 없는 궁전에 사는 것보다, 책이 있는 마구간에 사는 것이 낫다.
- **영국 격언**

책을 사느라고 돈을 들이는 것은 결코 손해가 아니다. 오히려 훗날 만 배의 이익을 얻을 것이다.
- **왕안석**

사람은 음식물로 체력을 배양하고, 독서로 정신력을 배양한다.
- **쇼펜하우어**

배 없이 해전에서 승리할 수 없듯이 책 없이 사상전에서 이길 수는 없다.
- **프랭클린 루스벨트**

목적이 없는 독서는 산책이지 학습이 아니다. - B. 리턴

머리를 깨끗이 하는 데에 독서만큼 좋은 방법은 없다. 건전한 오락 가운데 가장 권장해야 할 것은 자연과 벗하는 것과 독서하는 것 두 가지라 하겠다. - 도쿠토미 로카

약으로써 병을 고치듯이 독서로써 마음을 다스려라. - 카이사르

내가 세계를 알게 된 것은 책에 의해서였다. - 사르트르

내가 인생을 알게 된 것은 사람과 접촉해서가 아니라 책과 접하였기 때문이다. - A. 프랜스

돈이 가득 찬 지갑보다는 책이 가득 찬 서재를 가지는 것이 훨씬 좋다. - J. 릴리

잡서의 난독은 일시적으로는 다소 이익을 가져다줄지 모르지만, 궁극적으로는 시간과 정력의 낭비로 돌아간다. - E.S. 마틴

장서는 만들어지는 것이 아니라 성장한다.   - A. 비절

호화로운 주택의 깨끗한 책장 속에 책이 얼마 꽂혀 있지 않거든 그 집에 사는 가족들은 뭔가 부족한 사람이라고 보아도 틀림없다. 더욱이 그것이 어디에나 있는 흔한 소설책뿐일 때는 더욱 그렇다.   - 카를 힐티

오늘의 나를 있게 한 것은 우리 마을 도서관이었다. 하버드 졸업장보다 소중한 것이 독서하는 습관이었다.   - 빌 게이츠

반드시 한 가지 책을 익히 읽어서 그 안의 참된 이치와 뜻을 모두 깨달아 통달하고 의심이 없어진 후에야, 비로소 다른 책을 읽을 일이다. 여러 가지 책을 탐내어 이것저것 얻으려고 분주히 섭렵해서는 안 된다.   - 이율곡

독서란 자기의 머리로 남의 머리를 생각하는 일이다.
    - 쇼펜하우어

독서는 천천히 해야 하는 것이 첫번째 법칙이다. 이것은 모든 독서에 해당된다. 이것이야말로 독서의 기술이다.   - E. 파게

나는 책을 읽을 때 어려운 부분과 만났다고 해서 지나치게 골 똘히 생각하지 않는다. 한두 번 고쳐 생각하다가 그냥 버려둔 다. 그러지 않고 어려운 부분에 계속 몰두해 있으면 자기 자신 과 시간을 모두 잃고 만다. - **몽테뉴**

기회를 기다리는 것은 바보짓이다. 독서의 시간이라는 것은 지 금 이 시간이지 결코 이제부터가 아니다. 오늘 읽을 수 있는 책 을 내일로 미루지 마라. - **H. 잭슨**

어느 누가 그대에게 지금 무슨 생각을 하고 있느냐고 묻는다면 그대는 얼굴을 붉히지 않고 즉시 대답할 수 있는 생각을 하고 있는가? - **법구비유경**

나는 나 자신을 가르치는 데 별로 신경을 쓰지 않는다. 나는 인 생을 즐기면서 세상의 질서가 이끄는 대로 행동한다. 하늘의 유 전에 따라 조용히 유전하는 사람들은 얼마나 다행한 일인가?

- **몽테뉴**

생각이 건전하면 지혜를 얻고, 생각이 흩어지면 지혜를 잃나 니, 이 두 갈래 길 중 지혜를 따르면 도를 이룬다. - **법구경**

생각을 많이 하는 사람이 행동을 바르게 한다.　　- **핼리팩스 경**

생각은 항상 전쟁터에 나가는 것과 같이 하고 마음은 항상 다리를 건너는 것과 같이 하라.　　- **명심보감**

독창성의 장점은 참신함이라기보다는 성실함이다. 믿는 사람은 독창적인 인간이다.　　- **칼라일**

마을이든 나라든 이제부터 창조한다. '이제부터 만든다' 라고 할 때 즐거운 것이다.　　- **대망경세어록**

삶은 필연적으로 얻는 것보다 잃는 것이 더 많다. 하나의 씨앗은 썩어야만 싹이 튼다.　　- B. **파스테르나크**

독창성은 어떤 경우를 막론하고 부정확성의 이유가 되어서는 안 된다.　　- **위고**

가장 아름다운 작품은 광기를 발동시켜 이성이 쓰는 것이다.

- **지드**

이 세상에는 존경할 만한 가치가 있는 것이 세 가지 존재한다. 그것은 성직자와 군인과 시인이다. 다시 말하자면 지식과 살인과 창조인 것이다. - 보들레르

붓은 마음의 혀다. - 세르반테스

독창성은 천재의 가장 으뜸가는 증거이다. - 보브나르그

창조하는 것, 그것은 두 번 사는 것이다. - 카뮈

인간은 모방하는 동물이다. 이 특성은 인간의 모든 교육의 근원이다. 요람에서 무덤까지 인간은 타인이 하는 것을 보고 그대로 배운다. - 제퍼슨

한마디로 말해서 우리는 서로를 위해 창조되었다. - 모차르트

영혼이 자유로운 사람은 죽음보다도 인생에 대해서 더 많은 것을 사색한다. - 스피노자

존재하는 모든 훌륭한 것은 독창성의 열매이다.　　　　- J. 밀

모방은 가장 충실한 아부이다.　　　　- 콜턴

그대가 그대 자신에 대해서 생각하는 것이 다른 사람이 그대에 대해서 생각하는 것보다 훨씬 중요하다.　　　　- 세네카

진리, 그것을 사색 속에서 찾으라. 곰팡이 핀 양서 속에서 찾으려 하지 말라. 그대가 달을 보고 싶거든 연못을 보지 말고 직접 하늘을 보아라.　　　　- 페르시아 격언

고요 속에서 사색하는 일은 모두 사라지거나 승화되는 법이다.
　　　　- 청담조사

청년기에는 아침(고집)이 지배하고, 노년기에는 명상이 지배한다. 다시 말하면 청년기는 활동하기에 알맞은 시기요, 노년기는 사색하기에 적합한 시기이다. 실행하는 데 있어서도 청년기는 보이는 현상에 따라 결심하지만 노년기에는 대부분이 생각한 다음에 결정한다.　　　　- 쇼펜하우어

진리, 그것은 서로 떠들며 토론하는 데서 얻어지는 것이 아니다. 오직 성찰과 생각에 의해서만 얻어질 수 있는 것이다. 당신이 어떤 진리 하나를 발견했을 때 연달아 또 하나의 진리가 당신 앞에 감람나뭇잎처럼 서서히 싹터올 것이다. **- 러스킨**

파멸해가는 지구촌을 구하는 대비책은 오로지 한 가지뿐이다. 그것은 바로 인간의 창조 활동이다. **- 렉스로스**

그대의 마음을 매일 깨끗하게 닦도록 노력하라. 그대가 악한 생각을 가지고 있지 않는 한 악한 행위를 하려고 해도 뜻대로 되지 않을 것이다. **- 공자**

사람이 먹고 살기에 급급하다 보면 고상한 생각을 하기가 어렵다. **- 루소**

이 세상은 마치 꿀과 같다. 우리들이 이처럼 생각하기 때문에 아무리 설법을 많이 들어도 별 소용이 없고 부처님 말씀 한 마디도 받들여 새길 수 없다. 이 세상은 꿀이다. 이와 같이 생각하는 것이 이 세상을 쉽게 이해할 수 있는 방법이다. **- 청담조사**

자기 스스로 사물에 대해 생각하지 않는 자는 결국 다른 사람의 사상에 예속된다. 자기 자신의 사상을 다른 사람에게 예속시키는 일은 자기 자신의 육체를 다른 사람에게 예속시키는 것보다 더욱 굴욕적인 노예 행위이다. 그러므로 그대 자신의 머리로 생각하라. 그리고 다른 사람이 그대를 가리켜 무슨 말을 하든지 결코 신경쓰지 말라. - **톨스토이**

명상은 노동이요, 생각은 행동이다. - **위고**

사색과 대화, 그리고 행동에 있어서 나는 결코 중요한 것을 망각한 적이 없다. 중요한 것이란 바로 이성이다. - **불타**

참된 창조 정신은 올바른 신앙으로부터 출발해야 한다.
- **페스탈로치**

진정한 창조는 신만이 할 수 있는 것이다. 사람이 어떤 새로운 것을 만들어냈다고 하더라도 그것은 어디까지나 신의 계시에 의한 모방일 뿐이다. - **칼라일**

맨 처음 하는 생각이 언제나 최선의 생각은 아니다. - **알피에리**

항상 깊이 생각하라. 그리고 무엇보다도 당신의 사상을 풍부히 하라. 당신의 눈을 현란하게 하는 멋진 건물도 먼저 인간의 머릿속에서 그 형체가 그려지고 그런 다음에 그것이 건물이 되어 나타나는 것이다. 그러므로 현실이란 곧 사상의 그림자에 불과하다.
- 칼라일

생각은 매우 소중한 것으로서 생각 속에서 모든 것이 이루어진다.
- 도스토예프스키

한 시간 동안의 명상은 선행이 없는 일 주일간의 기도보다 소중하다.
- 해리슨

명상 같은 것은 모두 다 잊어버리고 저 넓은 세상으로 뛰어나가세. 감히 말하건대 명상 같은 것을 하는 인간은 사랑이 메말라버린 초원 위에서 악마에 사로잡혀 빙빙 돌림받는 동물 같은 놈일세.
- 괴테

하잘것없는 철학은 사람의 정신을 무신론자로 만들기 쉽다. 그러나 철학에서 명상의 깊이는 사람의 정신을 종교로 이끈다.
- 베이컨

가장 단순한 저작이 가장 좋은 저서이다.
- 라 퐁텐

끝없이 생각하고 또 생각한 사색은 결국 어느 장소에서든 모든 사람에게 있어서 사색의 필요성에 기초를 둔 살아 있는 신비주의에 귀착하는 것이다. - **슈바이처**

생각, 그것이 내가 아니다. 긍정, 부정을 하는 것도 내가 아니고 긍정하고 부정하는 주체가 나다. 농사짓는 것도 장사하는 것도 내 일이 아니고, 정치며 학문도 내 일이 아니다. 다만 그것의 주체를 알 뿐이다. - **청담조사**

모든 책은 우리에게 지식의 자료를 줄 뿐이며, 진정 나 자신의 것은 나의 생각과 실천의 힘뿐이다. - **로크**

이 몸이 세상에 태어나기 전에 어떤 형체였을까 상상해보라. 또한 자신이 죽은 뒤에 사람들 머릿속에 어떤 모습으로 남아 있을까 생각해보라. 그러면 모든 상상이 없어지고 본성만이 고요히 남아서 세상 밖으로 뛰어나와 상상에서 노닐 수 있으리라.

- **채근담**

사색이란 것은 감각의 하나로 감수성이나 예민함으로 융합되는 것을 말하는 것이다. - **브하그완**

현자와 바보는 남에게 해를 입히지 않는다. 적당히 어리석고, 적당히 현명한 사람이 가장 위험하다.   - **괴테**

소인은 특별한 것에 관심이 있고, 위인은 평범한 것에 관심이 있다.   - **허버트**

천재란 선례 없이도 바르게 행동하는 능력이다. 그리고 제일 먼저 올바른 일을 하는 힘을 가진 사람이다.   - **허버트**

수천만의 천재들이 누구에게도 발견되지 못하고 태어나서는 죽어간다. 천재들 자신도 다른 사람들도 그 천재성을 발견하지 못한 채로.   - **마크 트웨인**

천재란 매우 강한 인내심을 가진 사람이다.   - **톨스토이**

재능 있는 자와 천재의 차이는 석공과 조각가와의 차이와 같다.
- 로버트 잉거솔

천재란 마음이 내키지 않는 고생스러운 일을 피하는 특수 능력을 말한다. - 앨버트 하버드

천재가 하는 일이란 새로운 해답을 부여하는 것이 아니라 새로운 문제를 제기하는 것이다. 그리고 그 문제에 범인들이 고생 끝에 해답을 부여하는 것이다. - H.R. 트레버로퍼

천재란 무엇인가? 자유롭게 언제라도 소년으로 돌아갈 수 있는 능력이다. - 제임스 M. 발리

천재의 대부분은 성장이 느렸다. 1천 년 동안 번성하는 나무는 갈대와 같이 갑자기 아름다워지지 않는다. - G.H. 루이스

위대한 천재는 다른 위대한 천재에 의해서 만들어진다. 그러나 그것은 동화됨으로써 만들어지는 것이 아니라 서로 부딪히면서 만들어진다. - 하이네

천재들을 만찬에 초대하려거든 그들이 천재로 인정받지 않고 고생하고 있을 때 하는 것이 좋다. 그렇게 하면 그들을 위해서는 보람 있는 격려가 되는 것이다. 그러나 대부분의 사람들은 그들의 천재성이 세상에 알려진 후에 초대하기 때문에 그들에게 소화불량을 일으키게 한다. - 맨스필드

평범한 사람이 하나를 볼 때, 재능 있는 사람이 둘이나 셋을 볼 때, 천재란 열 가지를 보는 능력에다가 다양한 잠식력을 그의 예술의 재료로 기록하는 능력을 가진 사람이다. - G. 파운드

훌륭한 사람이란 자기가 할 수 있는 일을 하는 사람이다. 그러나 보통사람은 자신이 할 수 있는 일을 하는 것이 아니라 할 수 없는 일을 원하고 있다. - 로맹 롤랑

진정한 천재는 사물을 일정한 궤도에 올려놓고 묘사할 수는 없다. 그 궤도는 일체의 비판적 평가의 외부에 있는 것이다.
- 하이네

현명한 사람과 어리석은 사람을 판별할 수 있는 지혜를 가진 사람이 바로 현명한 사람이다. - 크세노파네스

현명한 사람은 어리석은 자가 현명한 사람에게 배우는 것보다 어리석은 자에게서 더 많이 배운다.   - 카토

당신의 정신을 훌륭한 사상으로 채워라. 훌륭한 사람을 믿는 것이 훌륭한 사람을 만들어낸다.   - 디즈레일리

재능을 갖춘 바보는 더러 있지만, 판단력을 갖춘 바보는 결단코 없다.   - 라 로슈푸코

언어의 고전적 순수성이라는 문제를 너무 중시할 필요는 없다. 믿음직한 천재는 그 시대의 언어, 이미지, 사상 가운데 똑바로 뛰어들어서 빈틈없는 제빵공처럼 그것을 반죽해야 한다.
    - 로맹 롤랑

다른 사람이 어렵게 여기는 일을 쉽게 행하는 것, 이것이 재능이다. 그리고 불가능한 것을 가능하게 하는 재능이 천재이다.
    - 아미엘

발명가와 천재들은 거의 대부분 그들의 성공적인 일을 시작할 때 바보로 여겨져 왔다.   - 도스토예프스키

5

인생에 주어진 진정한 보석, 우정

설사 친구가 꿀처럼 달더라도 그것을 전부 빨아 먹지 말라.
- **탈무드**

물이 너무 맑으면 물고기가 없고, 사람이 너무 살피면 친구가 없다.
- **명심보감**

우정은 날개 없는 사랑이다.
- **바이런**

사랑에는 신뢰가 필요하고 우정에는 통찰력이 필요하다.
- **보나르**

열매 맺지 않는 과일 나무는 심을 필요가 없고, 의리 없는 벗은
사귈 필요가 없다. **- 명심보감**

참된 우정은 앞면과 뒷면이 같다. 앞면은 장미로 보이고 뒷면
은 가시로 보이지 않는다는 뜻이다. 그러므로 참다운 우정은
당신의 마지막 날까지 변하지 않는다. **- 류카르**

두 의자 사이에 앉으려다가 땅바닥에 떨어진다. **- 라블레**

제아무리 친한 친구라 할지라도 자신의 생각을 전부 말
해버리면 평생토록 적이 될 수 있다. **- 샤를 뒤클로**

우정을 위한 최대의 노력은 벗에게 그의 결점을 스스로 깨닫게 하는 일이다.
- 라 로셰호크

그 사람이 무얼 하는 사람인가를 묻지 말라. 그가 어떤 사람인가를 물어보라.
- 작가미상

상대의 사람됨을 알려면 그의 친구가 누구인가를 알아보라.
- 터키 속담

벗이 애꾸눈이라면 나는 벗의 옆얼굴을 바라본다. - 슈베르트

옳은 일을 권하는 것이 친구의 도리이다. - 맹자

벗이 먼 곳으로부터 찾아오니 이 얼마나 즐거운가. - 논어

형제는 하늘이 내려준 벗이다. - 속담

우정과 사랑은 서로 상통되지 않는다. 정열적인 사랑을 경험한 사람은 우정을 소홀히 여기고, 우정에 정성을 쏟은 사람은 사랑을 위해서는 아무 일도 하지 않는다.　　　　　　　- **임어당**

이로운 친구는 직언을 꺼리지 않고 언행에 거짓이 없으며, 지식을 앞세우지 않는 법이다. 반대로 해로운 친구는 허식이 많고 속이 비었으며, 겉치레만 하고 마음이 컴컴하며, 말이 많은 자다.　　　　　　　　　　　　　　　　　　　- **공자**

의리 없는 친구를 피하고 어리석은 사람과 사귀지 말라. 현명한 벗을 사귀고 나보다 훌륭한 사람을 따르라.　　- **법구경**

이성 사이의 사랑은 아침 그림자와 같아서 점점 작아지지만, 노인의 마음에 깃든 우정은 저녁 무렵에 지는 그림자와 같이 인생의 태양이 질 때까지 점점 커져간다.　　　- **J. 베벨**

친구가 어려움에 처하면 친구를 대신하여 인내하며 고통받기를 회피해서는 안 된다.　　　　　　　　　　- **에드워즈**

옳은 일을 권하는 것이 친구의 도리이다.　　　　- **맹자**

벗의 고난을 슬퍼하는 것은 누구나 다 할 수 있다. 그러나 친구의 성공을 함께 기뻐하는 것은 누구나 할 수 없는 것으로, 대단히 훌륭한 성품이 요구된다. - **와일드**

좋은 친구가 생기기를 기다리는 것보다 스스로 다른 사람의 좋은 친구가 되었을 때 참된 기쁨을 느낄 수 있다. - **러셀**

나보다 상대를 먼저 생각하는 우정, 이러한 우정은 어떠한 어려움도 뚫고 나간다. - **무어**

우정과 애정은 어떤 차이가 있을까? 전자는 밝은 신전이고, 후자는 영원한 베일에 싸인 신비이다. - **하르트만**

벗을 사귐에는 과하여 넘치지 말아야 한다. 넘치면 아첨하는 자가 생긴다. - **채근담**

그 사람을 모르거든 그의 친구를 보라. 사람은 서로 마음 맞는 사람끼리 벗을 삼게 마련이다. - **메난드로스**

진정한 우정은 영원히 변하지 않는다.   **- 피타고라스**

아낌없이 주어라. 그것이 친구를 얻는 가장 가까운 지름길이다.
           - 키케로

친구를 얻는 확실한 방법은 자기 스스로 타인의 벗이 되는 것이다.   **- 에머슨**

진정 당신의 친구라면 당신이 필요할 때 당신을 도울 것이다.
           - 반필드

대부분의 사람들은 누구나 자신이 교제하는 친구와 비슷하다.
           - 에우리피데스

솔직한 감정은 자연스럽고 깊이가 있고 진실성을 가지고 있다.
           - 파스칼

진정한 친구란 서로의 약점을 포용해주어야 한다.   **- 셰익스피어**

친구는 제2의 재산이다. - 아리스토텔레스

황금으로 산 우정은 돈이 좌우하는 것으로 진정한 우정이 아니다. 어려운 일이 닥쳤을 때 이 우정은 어떠한 도움도 주지 못한다. - 마키아벨리

일생 동안 친구는 단 한 명이면 족하다. 두 명은 많고 세 명은 거의 불가능하다. - 애덤스

나는 이 세상에서 두 가지 보석을 지니고 있었다. 나의 친구와 나의 영혼이다. - 로맹 롤랑

친구를 찾는 사람은 불행하다. 왜냐하면 성실한 친구는 자기 자신뿐이기 때문이다. 친구를 찾는 사람은 자기에게 성실한 친구가 될 수 없다. - 헨리 도로

영원히 변치 않는 우정을 위해서는 다음의 규율을 지켜야 한다. 벗에게 정당하지 못한 일을 요구하지 않으며, 또한 요구를 받았을 때는 이를 행하지 말아야 한다. - 키케로

성실하지 못한 친구를 사귀는 것보다 차라리 적을 가지는 편이 낫다. 성실하지 못한 것처럼 위험한 것은 없기 때문이다.
- 셰익스피어

벗이 우리에게 베풀어주기를 바라는 행동을, 우리가 벗에게 베풀어주어야 한다. - 아리스토텔레스

벗의 가면을 쓴 사악한 사람과 관계를 끊는 것은 자기에게 이로울 뿐 아니라 하나의 성장을 가져온다. - 보나르

사람들은 누구나 친구의 품안에서 휴식을 구한다. 그곳에서라면 우리들은 가슴을 열고 마음껏 슬픔을 털어놓을 수 있기 때문이다. - 괴테

정의는 올바른 것이지만 친구가 적고, 불의는 그른 것이지만 친구가 많은 법이다. - 공자

벗을 사귈 때는 그 사람의 장점만을 취하고 단점은 취하지 말라! 이렇게 하면 오래도록 사귈 수 있다. - 공자

친구는 기쁨을 배로 해주고 슬픔은 반으로 줄여준다.   - 키케로

우정에 있어서 최상의 노력은 친구가 자신의 결점을 우리에게 보여주게끔 만드는 일이다.   - 라 로슈푸코

나와 벗 사이는 책을 대하는 것과 같다. 뭔가를 발견했을 때는 언제까지고 떼어놓지 않지만 그것을 이용하는 일은 지극히 드물다.   - 에머슨

지나치게 호의를 베푸는 사람을 경계하라.   - 프랑스 속담

친구가 모르는 좋은 것을 갖지 않도록 하라.   - 칼리아쿠스

나보다 나을 것 없고 나와 잘 맞는 길벗이 없거든 차라리 홀로 가면서 선에 힘쓰라. 결코 어리석은 길동무를 구하지 말라.
  - 법구경

타인이 나를 소중하게 여기기를 바란다면 내가 먼저 타인을 소중하게 여겨야 한다.   - 증자

친구는 고통과 슬픔을 경감시킨다. - **T. 플러**

취미는 바꾸어도 좋다. 그러나 친구는 바꾸지 말라. - **볼테르**

운명은 친척을 만들어주고, 선택은 벗을 만든다. - **델릴**

참된 벗을 가진 자는 행복하다. - **입센**

벗이 누구인가? 정직하게 당신 자신을 드러내보일 수 있는 사람이다. - **F. 크레인**

알랑거리는 잎을 가진 여름철 같은 우정이여! 번창할 때는 그늘을 주지만 역경의 가을에는 한 줄기 바람에도 떨어지는구나.
- **매신저**

잘 살 때에는 친구가 많은 법이다.
어려울 때 친구가 참 친구이다.
마지막의 행복이 참된 행복이다.
젊어서의 고생은 사서라도 한다. - **법구경**

친구란 모든 것을 알고 있으면서도 사랑해주는 사람을 말한다.
- 앨버트 하버드

우정은 평등한 관계이다. - 칸트

슬픈 일이 있을 때 따뜻한 잠자리에 눕는 것은 좋은 일이다. 그러나 이보다 훌륭한 잠자리는 거룩한 향기가 가득히 밴 침대이다. 이것이 친절하면서도 깊어서 헤아릴 수 없는 우리의 우정이다.
- 프루스트

우정은 성장이 늦는 식물이다. 우정이라고 불리기 전에 그것은 많은 어려운 곤경을 참아내야 한다. - 조지 워싱턴

군자의 사귐은 맑기가 물과 같고 소인의 사귐은 달기가 꿀과 같다.
- 명심보감

중용의 덕을 가진 사람을 사귈 수 없을 때는 적어도 열성이 있는 사람이나 결벽이 있는 사람과 사귀어라. 열성이 있는 사람은 진취적이고, 결벽이 있는 사람은 마구 타협하지 않기 때문이다.
- 공자

세상에는 세 가지 타입의 친구가 있다. 당신을 사랑하는 친구, 당신을 잊어버리는 친구, 당신을 미워하는 친구가 그것이다.

- 장 파울

친구의 잔치에는 천천히 가고, 불행에는 황급히 가라. - 길론

한 사람의 참된 벗은 천 명의 적이 우리를 불행하게 만드는 힘 이상으로 우리를 행복하게 한다. - 에센바흐

우정은 사랑을 받는 데에 그 의미가 있는 것이 아니라 사랑을 주는 데에 있다. - 루소

같은 직업에 종사하는 사람이 참다운 벗이 된 예는 다른 직업을 가진 사람보다 훨씬 드물다. - 미키카요시

진정 우정 어린 친구는 생애에서 단 한 사람밖에 얻을 수 없고, 그런 친구를 가진 사람은 극히 드물다. 내 친구가 나의 인생의 많은 부분을 채우고 있었지만 그것을 느끼지 못했었다. 그가 없어지자 내 인생은 공허했다. 잃어버린 것은 사랑했던 친구뿐만 아니라 사랑과 그 모든 일체였다. - 로맹 롤랑

인생에 주어진 진정한 보석, 우정!

좋은 벗을 얻는다는 것은 큰 재산을 얻는 것과 같다.
- **크리스토퍼 레먼**

불행은 진정한 친구가 아닌 자를 가려준다. - **아리스토텔레스**

친구의 본래 임무는 당신의 형편이 나쁠 때 당신 편이 되어주는 사람이다. 당신이 좋은 곳에 있을 때는 누구나 당신을 편들 것이다. - **마크 트웨인**

오랫동안 찾아야 하고, 찾기가 어려우며 유지하기도 어려운 것이 우정이다. - **성 제롬**

사나운 날씨가 되어도, 진눈깨비가 와도, 눈이 와도, 바람이 세차게 불어도, 우리는 서로 의지하며 견딜 것이다. - **작자 미상**

친구는 장래에 대해 서로 이야기하지 않는다. 그러나 장래에 다시 만날 것을 확신한다. 이에 반해 연인들은 항상 장래의 일에 대해서 서로 열심히 이야기한다. 하지만 장래는 그들의 마음과 같이 되지 않는다. - **보나르**

참된 사람이 아무리 드물다고 하지만 참된 우정에 비하면 그렇지만도 않다. － 라 로슈푸코

우정은 감정만이 아니라 행동도 함께 있어야 한다. － 고흐

어떠한 충언을 하건 말이 길어서는 안 된다. － 호라티우스

6

우리의 일상을 지배하는
달콤한 환상!

사랑과 연애… 그리고 남과 여

연애를 하면서 동시에 현명해진다는 것은 불가능하다.
- 푸블릴리우스 시루스

연애란 남녀 모두 전 생애를 통하여 가장 이성을 잃고 있는 상태이다. 그러한 상황에서 생애 가장 중요한 사업이라고 할 수 있는 결혼의 스타트라인에 선다는 것은 참으로 어리석은 짓이다.
- P. S. 벽

정직하게 말해서 연애의 불길은 어떤 것보다 활기를 띠며 뜨겁고, 격렬하다. 그러나 그것은 맹목적이고 경망스럽고 쉽게 동요하며 언제나 변하기 쉬운 불길이다. - 몽테뉴 상대의 마음이 변치 않을 것이라는 생각은 연애에 빠진 사람들의 공통된 망상이다.   - L. C. 보브나르그

연애하는 인간은 몽유병자와 흡사하다. 그들은 상대를 눈만이 아니라 온몸으로 보는 것이다.   - 도루비리

연애를 하고 있을 때는 누구나 시인이 된다.   - 플라톤

한 번의 눈짓, 한 번의 악수, 그리고 얼마쯤 가망이 있는 듯한 회답 따위에 곧 원기를 회복하는 것이 연애를 하고 있는 남녀의 실체이다.   - A. 모루아

연애란 여자가 남자를 쫓아다니는 것에 지나지 않는다. 여자는 잠자코 있기 때문에 남자를 기다리고 있는 것같이 보이지만 실은 거미가 무심히 파리를 제 그물로 유인하는 것과 같다.
    - G. B. 쇼

연애는 프랑스에서는 희극이고 영국에서는 비극이다. 그리고 이탈리아에서는 오페레타요, 독일에서는 1막의 멜로드라마이다.   - 블레싱턴

연극의 무대는 일반적인 삶보다 연애의 도움을 받고 있다. 연애는 연극에 있어서 항상 희극, 또는 비극의 재료가 되기 때문이다. 그러나 우리 인생에 있어 연애는 유혹의 여신이 되기도 하고, 복수의 여신이 되어 많은 재화를 공급한다.

- F. 베이컨

여성은 연애는 한계가 없다고 웅변으로 주장한다. 그러나 남성은 연애는 한계가 있다고 보고 있다. - H. M. 몽테를랑

어떤 것보다 감미로운 즐거움이며, 어떤 것보다 야성적인 슬픔, 그것이 바로 연애이다. - N. 베일리

남자는 연애하는 중에도 개인의 개성을 간직한다. 그러나 여자는 사랑을 위해서 늘 변한다. 연애하는 여자는 누구든 같다.

- J. 샤르동

스스로 고뇌하든지, 그렇지 않으면 타인을 괴롭히든지, 그 어느 것 없이 연애라는 것은 존재하지 않는다. - H. 레니에

여자는 첫사랑을 할 때는 남자를 사랑하지만, 그 이후의 연애에서는 연애와 연애한다.   - **라 로슈푸코**

연애에 있어서는 종종 의심하는 것보다는 속이는 쪽이 선행한다.   - **라 로슈푸코**

사람은 자신이 연애하고 있음을 밝히는 것을 시작으로 연애를 하게 된다.   - **파스칼**

연애란 남자가 단 한 사람의 여자에 만족하기 위해 치르는 노력이다.   - **폴 제라르디**

연애와 전쟁은 모든 전술이 허용된다.   - **J. 플레쳐**

연애가 어려운 것은 그것이 공범자 없이는 해낼 수 없는 것이기 때문이다.   - **보들레르**

사랑은 행복을 죽이고, 행복은 사랑을 죽인다.   - **스페인 명언**

청년과 처녀가 만나는 것! 이런 일이 없다면 인류는 멸망하고 말았으리라.   - **보먼**

연애란 향상하려는 욕구와 타락하려는 욕구 사이를 부단히 왕래하는 것.   - **P. 보나르**

연애에 경험이란 것이 없다는 것은, 그때는 벌써 사랑하고 있지 않기 때문이다.   - **H. 레니에**

연애의 즐거움은 사랑하는 데 있다. 따라서 우리는 연정을 일으키기보다는 연정을 품는 편이 더 행복하다.   - **라 로슈푸코**

사랑은 단순하고 원시적인 행위이다. 그것은 투쟁이다. 그것은 증오이다. 연애에는 폭력이 필요하다. 상호 동의에 의한 연애는 권태스러운 노역(勞役)에 지나지 않는다.   - **A. 프랑스**

연애를 하는 여자에게 있어서 남자는 한 가지 목적이지만 남자에게 있어서는 가장 사랑하고 있는 경우라도 여자란 단순한 수단에 지나지 않는다.   - **G. 티봉**

여성에게 있어서 연애는 언제나 영혼에서 감각으로 옮아가고, 남성에게 있어서 연애는 언제나 감각에서 영혼으로 옮아간다.
- E. 케이

남자의 사랑은 그 인생의 일부이고, 여자의 사랑은 그 인생의 전부이다. **- 파이론**

연애에는 아주 독특한 성질이 있다. 연애를 하는 사람은 그것을 감출 수도 없거니와, 없는 사랑을 있는 체 꾸밀 수도 없다.
- 사브레 부인

연애처럼 인간들 사이에 개재하는 불평등한 조직을 파괴하는 것은 없다. 희롱삼아 연애를 하지 말라. **- 뮈세**

우리들이 연애에 대해서 이야기를 하게 되면 곧 한 가지 문제에 부딪친다. 즉 사람은 무엇을 사랑하느냐 하는 것이다. 이에 대한 유일한 답은, '사람은 사랑할 가치가 있는 것을 사랑한다'는 것이다. **- 키에르케고르**

연애에서 손해 보는 자는 소심한 사람뿐이다. **- 몰리에르**

사랑이란 사람이 사물을 있는 그대로 보는 것이 아니라, 그저 보고 있는 상태이다. 사랑의 환상의 힘이 최고조로 달콤해지면서 여기서 절정에 이른다. 사람이 사랑에 빠져 있을 때는 어느 때보다 더 잘 참으며 모든 일에 순응한다.   **- 로맹 롤랑**

연애하는 사람은 모두 이중의 고독 속에서 산다.   **- 노아유**

연애는 미래를 바라는 것이지 현재의 순간만을 바라는 것이 아니다. 즉 단순히 한 가지 새로운 실재, 곧 아이를 낳기 위해서 결합하기를 바라는 것이 아니고, 두 사람의 인간이 상호간에 더 위대하고 새로운 생명을 길러내기 위하여 결합하기를 바라는 것이다.   **- E. 케이**

사랑할 때는 사상 따위가 문제가 안 된다. 내가 사랑하는 여자가 음악을 좋아하는지, 어떤지는 문제가 안 된다. 결국 어떤 사상도 사랑 앞에서 우열을 결정하기란 힘들다. 세상에는 오직 하나의 진리가 있을 뿐이다. 그것은 서로 사랑하는 것이다.

    - 로맹 롤랑

사랑은 야수를 인간으로 만들기도 하고, 인간을 야수로 만들기도 한다.   **- 우나무노**

연애는 전쟁과 같은 것이다. 시작하기는 쉬우나 그만두기는 어렵다.   - H. L. 멩켄

어떤 사람이 곁에 있어도 그 사람의 존재가 전혀 문제가 되지 않는 수가 있다. 이것이 바로 연애다.   - A. I. 쿠프린

연인에 대한 사랑이 점점 깊어갈수록 그를 바라보는 눈은 오히려 날카로워진다.   - 힐티

젊은이들의 사랑은 마음속에 있지 않고 눈 속에 있다.
    - 셰익스피어

사람은 사랑하는 이상 용서한다.   - 라 로슈푸코

사랑을 받는 것, 그것은 행복이 아니다. 사랑하는 것, 그것이야말로 진정한 행복이다.   - 헤세

질투는 늘 사랑과 함께 탄생한다. 그러나 반드시 사랑과 함께 사라지는 것은 아니다.   - 라 로슈푸코

연애를 하는 데에도 천재성이 필요할까? 연애를 양심적으로 할 수 있는 사람, 양심을 가지고 연애를 하는 사람은 가장 행복한 사람이다. **- 법구경**

사랑은 일에 굴복한다. 만일 사랑에서 빠져 나오기를 원한다면 바쁘게 지내라. 그러면 안전할 것이다. **- 오비디우스**

대부분의 사람들은 사랑하는 것이 고통이 아닌 줄 알지만 사랑하는 것은 큰 고통이다. 사랑한다는 것은 소유하겠다는 것이고, 구속이므로 고통이다. **- 청담조사**

여자가 가장 정열적으로 사랑하는 사람은 첫사랑의 연인이지만, 여자가 가장 능숙하게 사랑하는 사람은 마지막 연인이다.
- 프레보

아무것도 요구하지 않는 사랑, 이것이 영혼의 가장 고귀하고 바람직스러운 경지이다. **- 헤세**

연애의 힘은 실제로 연애를 경험하지 않으면 알 수 없다.
- 프레보

손가락을 달을 향해 가리키며 '거기 서 있거라' 하고 말하는 사람이 있을까? 젊은 여성에게 한 사람을 사랑하되 마음이 변해서는 안 된다고 말하는 사람이 있을까? — **푸슈킨**

오직 한 사람에 대한 사랑은 하나의 야만이다. 왜냐하면 이것은 다른 모든 것에 대한 희생이 있어야 가능하기 때문이다. 신에 대한 사랑도 마찬가지이다. — **니체**

연애는 누구나 자신을 속이는 데서 시작하고 남을 속이는 데서 끝나는 것이 보통이다. 이것이 지상에서 일컬어지는 로맨스라는 것이다.
— **와일드**

여러 학식 있는 사람들이 갖가지 기계나 약품을 만들어냈지만, 아직 여성이 원인이 되어 일어나는 질병의 약을 만든 학자는 없다.
— **체호프**

사랑받지 못하는 것은 슬픈 일이다. 그러나 사랑할 수 없는 것은 훨씬 더 슬프다.
— **C. 컬런**

우리들에겐 사랑 그 자체로 충분하다. 마치 목적을 두지 않고 방랑 그 자체의 즐거움을 얻듯이.
— **헤세**

연애란 우리 영혼의 가장 순수한 부분이 미지의 세계로 향하는 성스러운 그리움이다.
— **조르주 상드**

연애는 그 횟수가 많든 적든 간에 인간을 현명하게 만든다.
— **브라우닝**

사람에게 애정을 불러일으키는 두 가지 요인은 어떤 물건이 그대 자신의 소유물이라는 점과 그것이 그대의 유일한 소유물이라는 점이다. - **아리스토텔레스**

연애는 악마요, 불이요, 천국이요, 지옥이다. 그리고 쾌락과 고통과 슬픔과 회한이 모두 거기에 있다. - **반필드**

사랑, 사랑만이 남성이 여성을 위하여 죽음을 감행하게 만든다. 여성 또한 남성과 마찬가지다. - **플라톤**

모든 사랑은 다음에 오는 사랑에 의해서 정복된다. - **오비디우스**

애정이 충만하면 슬픔 또한 크다. - **도스토예프스키**

한 사람에 대한 사랑이 깊을수록 사람의 마음속을 깊이 들여다볼 수 있다. 즉, 맑은 우물 속을 들여다보듯이 통찰력은 미세한 마음의 주름까지도 발견할 수 있을 만큼 기적적인 능력에 도달한다. 한편 이기심이 강한 사람은 자신이 혼자 똑똑하다고 생각하지만 그는 세월이 갈수록 점점 어리석어지면서 모든 판단이 흐려진다. - **힐티**

사랑하느냐 사랑하지 않느냐 하는 것은 우리 마음대로 되는 것이 아니다. - **코르네유**

자신을 증오하는 사람을 사랑할 수는 있지만, 자신이 증오하는 사람은 사랑할 수 없다. - **톨스토이**

사랑하는 사람들은 혼자가 된다. 진정으로 사랑하는 사람들은 상대방이 혼자가 되는 것을 방해하지 않는다. - **T. 무어**

사랑은 끝없는 신비이다. 그것은 설명할 수 없기 때문이다. - **타고르**

사랑은 그것이 비밀이 아니게 될 때 즐거움도 사라진다. - **O. 벤**

사랑을 주는 것은 사랑받는 것보다 아름답고 행복하다. 사랑을 감추거나 부끄러워할 필요는 없다. - **헤세**

당신을 사랑하는 자가 당신을 울릴 것이다. - **아르헨티나의 격언**

사람의 마음을 보면 사랑이 있을 때는 살기를 원하고, 미움이 있을 때는 죽음을 원한다. 이런 현상을 볼 때 생명의 본질은 사랑에 있음을 알 수 있다. 미움의 감정은 생명에 대한 모독이다.
- **파스칼**

젊은이는 사랑의 편지를 급하게 읽고, 중년에 이른 사람은 천천히 읽고, 노인은 다시 읽는다. - **프레보**

연애는 진정한 무엇인가를 외면해서 깨지는 수가 있다. 마치 우정이 거짓에 의해서 깨지는 것처럼. - **보나르**

사랑을 하고 사랑을 잃는 것은 전혀 사랑을 하지 않는 것보다 낫다. - **테니슨**

사랑을 알기 전에는 남자가 아직 남자가 아니고, 여자 역시 아직 여자가 아니다. 따라서 연애는 남녀 다 함께 성숙해지기 위해 필요한 것이다. - **스마일스**

사랑에 미친다는 말은 중복된 표현이다. 사랑이란 이미 미친 상태이기 때문에. - **하이네**

사랑할 수 있다는 것은 무슨 일이든 할 수 있다는 뜻이다.

- 체호프

이 지상에서 첫사랑의 의식보다 성스러운 것은 없다. - 롱펠로

사랑의 고뇌처럼 달콤한 것은 없고, 사랑의 슬픔처럼 즐거운 것은 없으며, 사랑의 괴로움처럼 기쁜 것은 없고, 사랑 때문에 죽는 것처럼 행복한 일은 없다. - 모리츠 아른트

사랑에는 네 가지 형태가 있다. 정열적인 사랑, 육체적인 사랑, 취미로서의 사랑, 허영으로서의 사랑이 그것이다. - 스탕달

사람은 사랑을 배우면서 동시에 고민도 배운다. - 외젠 드 겔랑

사랑은 시간의 위력을 무력화시키고 미래와 과거를 영원히 결합시킨다. - 빌헬름 윌러

사랑하는 사람의 결점을 아름답다고 생각하지 않는 사람은 그를 사랑하고 있는 것이 아니다. - 괴테

사랑이 나에게 영감을 줄 때 글을 쓰고, 영감이 마음속에 말해 주는 그대로를 표현한다. - 단테

성실히 사랑하고 그리고 침묵하라! 성실한 사랑은 많은 말을 필요로 하지 않는다. - 프리드리히 체에라인

사랑할 줄 아는 사람은 자신의 정열을 지배할 줄 아는 사람이다. 이와 반대로 사랑할 줄 모르는 사람은 자기의 정열에 지배당하는 사람이다. - 호라티우스

여성이 없다면 우리 인생은 초년에는 협력자를, 중년에는 기쁨의 일부를, 노년에는 위로를 잃게 된다. - 드 즈위

깊이 사랑했던 사람을 미워하기는 어렵다. 불을 끄는 방법이 서투르면 금방 다시 타오르게 된다. - 코르네유

남녀간의 사랑이란 얼마나 무서운 정열인가. 그럼에도 불구하고 세상의 모든 사람들은 사랑을 마치 행복의 원천인양 생각한다. - 스탕달

사랑은 생명의 꽃이다.
 - **보덴슈테트**

사랑이 시작되었을 때 비로소 삶은 눈을 뜨기 시작한다.
 - **스퀴데리앙**

사랑에 빠진 사람은 쾌락과 동시에 고통을 얻는다. - **디오게네스**

여성은 질투 많은 남자를 싫어한다. 그러나 자기가 사랑하는 사람이 질투하지 않으면 성을 내는 것이 여성이다. - **니노 드랑클로**

연애를 하고 있는 사람의 맥박은 얼굴 위에서 뛰고 있다.
 - **L. 베가**

진정으로 사랑하고 있는 남자는 여인 앞에서 어찌할 바를 모르고 친절도 베풀지 못한다. - **칸트**

찾아서 얻은 사랑은 좋다. 그러나 찾지 않았는데도 얻게 되는 사랑은 더욱 좋다. - **셰익스피어**

흥분했을 때 인간은 자칫 잘못하면 설익은 사랑을 하게 된다.
진정으로 사랑하고 싶다면 냉정한 마음으로 사랑을 해야 한다.

- 라 로슈푸코

가장 맛있게 먹었다고 생각할 때 먹는 것을 그만두어야 한다. 사랑도 이와 같아서 영원히 지속되는 것은 없다. 그러나 아직 익지 않은 풋사과의 운명 같은 것도 있다. 그것은 익는 것과 동시에 시들어버린다.

- 니체

사랑한다는 것은 두 사람이 서로 마주 보는 것이 아니라 함께 같은 방향을 바라보는 것이라는 것을 우리는 경험을 통해서 안다.

- 생텍쥐페리

이별의 순간까지 사랑은 그 깊이를 깨닫지 못한다. - K. 주브란

연애할 운명에 놓인 사람은 모두 첫눈에 사랑하게 된다.

- 셰익스피어

사랑은 짧게 웃고 길게 우는 것이다.   - 가이베르

떠난다는 것은 잠시 죽는 것, 우리가 사랑하는 것들에 대해 죽는 것이다. 우리는 우리가 있었던 곳 어디에나 우리 자신의 일부를 남겨둔다.　　　　　　　　　　　　　　　- E. 아로쿠로

인생에서 가장 즐거운 시간은, 아무도 모르는 둘만의 말로 아름답고 맑은 수정과 같은 대화를 나눌 때이다.　　　　- **괴테**

사랑하라. 인생의 좋은 것은 오직 그것뿐이다.　　　　- **상드**

남성은 상대 여성을 자신의 것으로 만들 수 없는 동안에만 열광한다.　　　　　　　　　　　　　　　　　- **키에르케고르**

사랑에서 야망으로 옮겨가는 사람은 많지만, 야망에서 사랑으로 돌아오는 사람은 많지 않다.　　　　　　　- **라 로슈푸코**

여성은 두서너 가지의 경력을 쌓아 자신에게 보조를 맞출 줄 알게 된 후인 35세와 40세 사이가 가장 매력적이다. 40이 넘어 최고의 매력을 무한정 지속시킬 수 있는 여성을 찾아보기란 진정 힘들다.　　　　　　　　　　　　　　　　- C. 디오르

자신을 사랑하는 것처럼 타인을 사랑하라. 타인이 자기에게 다가오는 것을 받아줄 수 있다면 그 사람은 사랑을 아는 사람이다.
- 공자

연애는 결혼보다도 즐겁다. 이것은 소설이 역사책보다 더 흥미로운 것과 마찬가지이다.
- 칼라일

연애를 빨리 성사시키려면 펜으로 글을 쓸 것이 아니라 입으로 말하라.
- 몽테스키외

시간이 연애를 지루하게 하고, 그것에 익숙해지면 사랑은 사라져버린다.
- 바이런

연애는 홍역과 같은 것으로 너무 늦게 걸리면 처방하기도 어렵다.
- 제럴드

사랑의 본질은 개인을 보편화하는 것이다.
- 콩트

사랑은 최고의 선이다.
- 브라우닝

진실한 사랑은 유령과 같은 것이다. 사람들은 사랑에 대해서 많은 말을 하지만 사랑을 본 사람은 아무도 없다. - **라 로슈푸코**

연인의 어깨를 빌리면 평소에 시를 모르던 남자도 시인이 된다.   - **플라톤**

사랑하는 것이 인생이다. 즐거움이 있는 곳에 사람과 사람의 결합이 이루어진다. 또한 사람과 사람의 결합이 있는 곳에 즐거움이 있다.   - **괴테**

사랑은 연령과 상관이 없다. 사랑은 어느 때든지 할 수 있다.
                                                - **파스칼**

연애의 진정한 가치는 상대방에게 활력을 증대시켜 주는 것이다.   - D. **발레리**

사람은 곁에 아무도 없으면 외롭고 누군가와 관계를 맺게 되면 불행해진다. 사람들은 외로움을 느낄 때 누군가 관계 맺을 사람을 찾아 방황한다.   - **브하그완**

연애와 우정은 인생의 행복을 낳는다. 마치 두 개의 입술이 영혼을 기쁘게 하는 것처럼.
- 헤벨

참된 사랑의 힘은 태산보다도 강하다. 그러므로 그 사랑은 거대한 힘을 가지고 있는 황금일지라도 무너뜨리지 못한다.
- 셰익스피어

인간은 사랑과 욕심을 쫓기 때문에 걱정과 두려움이 생기는 것이다. 만약 사랑에서 떠나버리면 무엇을 걱정하고 무엇을 두려워할 것이 있겠는가?
- 법구경

사랑에 관한 이야기는 그 어떤 소문보다 차를 맛있게 한다.
- 필딩

기쁠 때나 슬플 때나 사랑이 무엇인가를 알고 있는 사람은 여성뿐이다. 남성에게 있어서는 사랑이란 한편으론 공상이고 거만이며 탐욕일 뿐이다.
- 카를 임세르만

사랑은 우리들을 행복하게 하기 위해서 존재하는 것이 아니라 우리들이 고뇌와 인내에서 얼마만큼 견딜 수 있는가를 실험하기 위해서 존재한다.
- 헤세

진정으로 사랑하는 사람들은 타인이 그들의 사랑을 받아주면 감사하게 생각한다. 이것은 그들의 넘쳐흐르는 힘을 받아줄 누군가가 필요하기 때문이다. 한 송이의 꽃이 피어 그 향기가 바람에 실려갈 때 꽃은 바람에게 감사한다.   - 브하그완

몸과 마음을 다 바쳐 사랑하고 있는데도 상대방이 무관심한 것만큼 무서운 것은 없다.   - 투르게네프

연애의 주식 시장에 안정주란 없다.   - A. F. 프레보

한 여성을 사랑할 때는 마치 여신을 모시고 있는 것같이 하라.   - 브하그완

적어도 연애를 하고 있는 동안은 배가 고파도 식욕을 느끼지 못한다.   - 브라우도우스

여자가 가장 즐기는 것은, 남자의 기만성을 폭로하는 것이다. 그럼에도 불구하고 남자의 가장 큰 즐거움은 여자들을 즐겁게 해주는 것이다.   - 버나드 쇼

사랑은 죽음의 공포보다 강하다. － 투르게네프

존경하는 마음이 없으면 진정한 사랑이 이루어질 수 없다.
－ 피히테

구르는 돌에 이끼가 끼지 않는 것처럼 방황하는 마음에는 애정이 끼여들 틈이 없다. － 롱펠로

사랑보다는 허영이 더 많은 여자를 타락시킨다.　　　- 데판 부인

여인들이 혼자 있을 때 어떻게 시간을 보내고 있는가를 남자들이 안다면 결코 결혼 같은 것은 하지 않을 것이다. - 존 스타인벡

진정한 사랑이 있는 곳에서는 형식상의 예의는 필요하지 않다.
- 길버트

남자든 여자든 가끔 고독해지고 싶은 생각이 솟아나게 마련이다. 두 사람이 서로 사랑하는 사이라면 연인의 그와 같은 감정 상태를 질투하게 된다.　　　　　　　　　　　- 헤밍웨이

사랑은 우리가 모르는 사이에 찾아온다. 우리는 다만 사랑이 사라져가는 것을 볼 뿐이다.　　　　　　　　　　　- 톰슨

만약 성욕이라는 것이 맹목적이고, 조심성 없고 경솔하지 않았더라면 인류는 멸종되고 말았을 것이다. 이는 원래 종족의 번식과는 전혀 결부되어 있지 않다. 성교 시에 번식의 의도가 수반된다는 것은 극히 드문 일이다.　　　　　　　- 니체

사랑은 봄에 피는 꽃과 같다. 모든 것에 희망을 갖게 하고 훈훈한 향기를 불어넣어 준다. 비록 메마른 폐허일지라도.

- 에밀리 브론테

사랑은 나이가 들어 생기 없는 사람들을 젊게 만들어주며, 젊음을 찾은 사람들을 언제까지고 젊게 만든다. - 카트라이트

슬기로운 사람만이 진정한 사랑을 할 줄 안다. - 세네카

어떤 경우의 연애든 그것은 인내를 의미한다. - 오기와라 사쿠타로

두 여인을 화합시키기보다는 유럽 전체를 화합시키는 편이 낫다. - 루이 14세

발자국을 남기지 않고 눈 위를 걸을 수 있을 때 사랑하라.

- 에드워드 버니

이상적인 여자와 무난히 살아가는 방법은 그 여자에 관한 일에 무관심해지는 것이다. - 스탕달

본시 아첨이란 여자의 몸에 꼭 맞는 의상이다.　　- **키에르케고르**

질투는 1천 개의 눈을 가지고 있다. 하지만 단 한 개도 사물을 올바로 보지 못한다.　　- **유대 격언**

아주 행복한 여인은 아주 행복한 국가와 마찬가지로 역사를 가지지 못한다.　　- **엘리엇**

사랑은 결점을 덮어준다. 그러나 그 결점에서 오는 관심의 고통을 두려워하여 일부러 못 본 척하기도 한다.　　- **법구경**

여성에게는 하늘이 내려준 세 가지 큰 힘이 있다. 그 첫째는 색으로 남자를 사로잡는 것, 둘째는 아내의 자리를 차지하는 것, 셋째는 듬직하게 어머니의 자리에 앉는 것. 뛰어난 여자는 이 세 가지의 힘을 하나로 뭉쳐 남자를 마음에서부터 손발에 이르기까지 꽁꽁 묶어버린다.　　- **대망경세어록**

기쁨을 원하는 여성은 겸손해야 하고, 사랑을 원하는 여성은 고통을 받아야 한다.　　- **M. 프라이어**

여자로 태어나는 것이 아니라 여자로 성장하는 것이다. - 보부아르

남자란 프로포즈할 때는 봄날이지만 결혼해버리면 겨울날이다. - 셰익스피어

여자의 통찰력은 남자의 확신보다 훨씬 정확하다. - 키플링

여자는 완성품에 가까운 악마이다. - 위고

남성이 여성보다 웅변에는 더 능하지만, 설득력은 뒤진다. - 랜올프

근심걱정에 짓눌려 있던 남성도 아름다운 여성이 나타나면 모든 걱정이 안개처럼 사라진다. - J. 게이

죽은 여자보다 가여운 것은 잊혀진 여자이다. - 마리 로랑생

키스는 사랑의 열쇠요, 구타는 사랑의 자물쇠다. - R. 번스

접근하는 남자를 거절하고, 대신 자신을 미워하는 남자를 사랑하는 것이 여자의 일반적인 상식이다.   - **세르반테스**

이 세상에서 남성에게 돌아오는 것 가운데 가장 소중한 소유물은 여성의 마음이다.   - **힐티**

첫 경험, 여성에 있어서 그것은 결코 잊을 수 없는 하나의 충격이며 변화이다. 그러나 남성에 있어서의 첫 경험은 변화이기는 하지만 충격은 아니다. 그 이유는 여자는 피해자 쪽이고, 남자는 가해자이기 때문이다.   - **브라이언트**

여자의 집념의 불길은 남자의 야심과 같이 쉽사리 사라지지 않는다.   - **대망경세어록**

만약 이 세상에 여성이 없다면 남성은 매우 사납고 거칠며 고독하리라.   - **샤토브리앙**

남성은 남성 나름의 의지가 있고, 여성은 여성 나름의 삶의 방식이 있다.   - **홈스**

남성을 단순히 그 행위로 평가할 수는 없다. 법을 잘 지키긴 하지만 아주 보잘 것 없는 남자가 있으며, 법을 깨뜨리긴 하지만 훌륭한 남자가 있다. - 와일드

자기 자신의 얼굴을 감추는 사람은 굉장한 추녀 아니면 굉장한 미녀이다. - 와일드

진실한 여성은 동정심이 많다. 그러나 정의라든가 성실성에서는 남성을 따르지 못한다. 여성의 커다란 단점은 공정하지 않다는 것이다. - 쇼펜하우어

아름다움의 극치는 한 여성에게만 있는 것이 아니다. 모든 여성에게 있다. 그녀들은 그것을 알지 못하지만 모두가 그 아름다움에 도달한다. 마치 과일이 익는 것같이. - 로댕

만일 하느님이 여성으로 하여금 남성을 지배하도록 할 생각이었다면 하느님은 아담의 머리에서 이브를 만들었으리라. 그리고 만일 하느님이 여성을 남성의 종으로 만들 생각이었다면 아담의 다리에서 여성을 만들었으리라. 그런데 하느님은 남성의 옆구리에서 여성을 만들어내셨다. - **아우구스티누스**

여자의 마음은 남자의 마음보다 더 순수하다. 단지 남자보다 더 잘 변할 뿐이다. - **하이포드**

인간은 사랑에 의해 살아가고 있다. 그것이 자기 자신의 시작이다. 신과 인류에 대한 사랑은 삶의 시작이다. - **톨스토이**

모든 남자는 사랑하는 여자의 최초의 애인이 되고 싶어하지만, 그것은 어리석은 허영심이다. 여자는 빈틈을 보이지 않으려 하는 본능을 지니고 있다. 여자가 언제나 바라는 것은 남자의 마지막 애인이 되는 것이다. - **와일드**

남성은 여성이나 컵 같은 것을 시련이 있다고 해서 던지지 않는다. - **로페 드 베가**

사랑은 소유하려는 욕구이다. 따라서 타인의 자유는 털끝만큼도 인정하지 않으려는 특성이 있다. 사랑은 곧 도적이다.
- **청담조사**

성적인 경험 없이 성숙하기를 바라는 것은 꽃이 피지 않고 열매가 익기를 기다리는 것과 같다. - **와일드**

분노와 발작에 끌려 들어가는 남성은 남자답지 못하다. 친절하고 부드러운 마음을 가지고 있는 사람이 진정으로 남자다운 사람이다.
- 오우데리우스

여자를 미워하는 남자… 알고 보면 그는 다른 사람보다 몇 배나 여자를 사랑하는 사람이다.
- 법구경

아무것도 씌어 있지 않은 책장과 같이 순백의 처녀란 어리석은 조작에 지나지 않는다.
- 로렌스

성관계는 전쟁의 원인이 되기도 하고, 평화의 목적이 되기도 하며, 성실의 기초가 되기고 하고, 멋쟁이의 목표이기도 하며, 해학의 원천이기도 하고, 풍자의 열쇠도 되며, 모든 비밀의 눈짓을 의미하기도 한다.
- 쇼펜하우어

나는 이 세상에 놀랍고도 멋진 세계가 도래하기를 기다리고 있다. 거기에서는 인간과 짐승이 사이좋게 지내고, 사랑은 모든 것을 아름답게 하고, 성교는 찬미의 노래이며, 사람의 손은 누군가를 할퀴거나 몽둥이를 휘두르는 대신에 애무하는 데에만 쓰이리라.
- 헨리 밀러

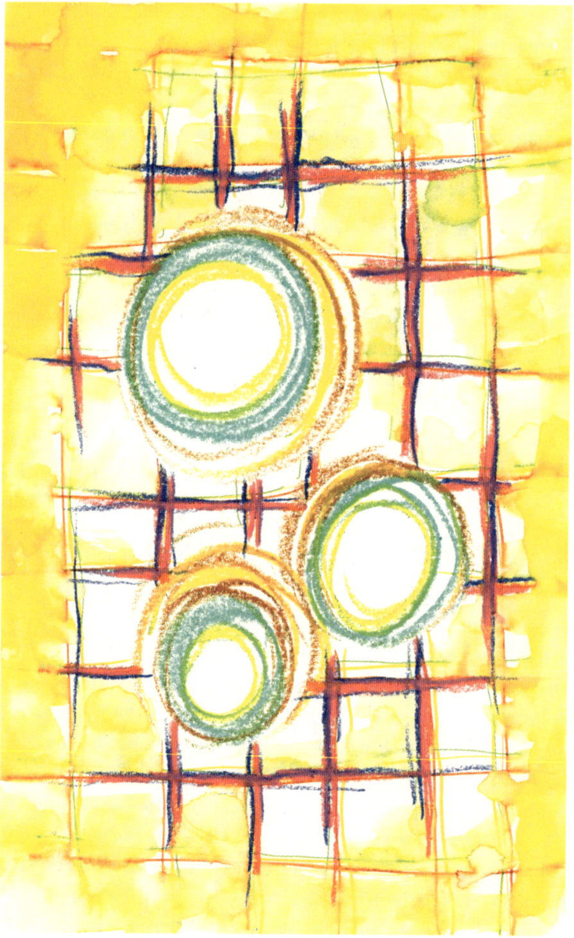

여성의 예절이야말로 한 나라의 공화정치가 실시될 수 있느냐 없느냐 하는 문제를 결정할 가장 확실한 기준이다.　- J. 애덤스

입 맞추는 소리가 대포 소리만큼 크지는 않지만, 그 메아리는 훨씬 오래 지속된다.　- 홈스

순결한 두 영혼과 육체가 만나 나누는 섹스일수록 격렬하고 감미롭다.　- 드라이든

순결은 금욕과 절제를 의미한다. 금욕은 처녀와 미망인에게 해당되고, 절제는 기혼자에게 해당된다.　- J. 테일러

고양이는 아홉 개의 목숨을 지녔고, 여자는 아홉 마리 고양이의 목숨을 지녔다.　- T. 플러

욕정은 두 살갗의 우연한 접촉에서 생기고, 털어놓고 하는 이야기는 두 감수성의 우연한 접촉에서 생긴다. 전자가 연애를 만들기에 충분치 못한 것과 마찬가지로, 후자도 친밀함을 만들어내는 데는 충분하지 못하다.　- 모루아

성에 대해서 여성에게 선생인 체 가르치려 들지 마라. 여성은 선생 이상으로 잘 알고 있다. 왜냐하면 여성의 성욕은 혈관 내에서 생긴 하나의 규율이기 때문이다.   - 몽테뉴

남성과 여성이 서로 사랑하여 육욕에 이르게 되는 것은 극히 자연스러운 일이다. 육욕 없는 사랑은 현실이 아니라 공상이다.
    - 쿠니키다 돗보

육욕에 끌리는 사람은 구덩이에 빠진 사람처럼 몸부림친다. 육욕의 수렁에 빠지면 오랫동안 고뇌에 빠진다.   - 불타

세상에는 특별히 음란한 여자라든가 또한 특별히 정조가 굳은 여자가 따로 있는 게 아니다. 여자는 어디까지나 여자이고 사나이는 어디까지나 사나이이다. 주위의 환경, 처해 있는 입장, 그리고 사나이에게 불만이 있느냐 없느냐에 따라서 탈선할 수도 있는 것이다.   - 대망경세어록

남성은 여성에게 모든 것을 달라고 요구한다. 요구대로 여성이 모든 것을 바치고 남성을 위해 일생 동안 헌신하면 남성은 그 무게에 짓눌려 고통을 받는다.   - 보부아르

사랑을 하는 사람은 아무리 작은 소리도 들을 수 있다.
— **셰익스피어**

욕망과 성의 충동이 인간 행동의 두 가지 동기이다. — **프로이트**

7

결혼의 실체 & 고달픈 인생의 안식처, 가정!

타인이 좋아할 여자를 아내로 맞지 말고 자신의 취향에 맞는
여성을 아내로 맞아라.   - 니체

사랑을 위해 결혼한다는 것은 나약한 인간들이 늘어놓는 변명
에 지나지 않는다.   - 새뮤얼 존슨

결혼은 공식 커플의 협력관계이다. 결혼을 하게 되면 두 사람
사이에는 불가피하게 구심력과 원심력이 작용하게 된다. 성공
적인 결혼의 척도는 구심력이 어느만큼 잘 작용을 하느냐에 달
려 있다.   - J. M. 울시

결혼은 자식을 갖기 위한 두 사람 간의 특별한 의무 관계이다. 이러한 관계를 파탄에 이르게 하는 것은 일상의 거짓말들이다.

- 톨스토이

결혼은 지루한 일상의 적절한 치료행위이며, 인간의 가장 자연스러운 상태이다. 따라서 결혼을 통해서만이 진정한 행복을 찾을 수 있다. **- 벤자민 프랭클린**

부유한 여자와 결혼하는 남자는 아내를 얻는 것이 아니라 지배자를 얻는 것이나 마찬가지다. **- 아낙산드로스**

결혼생활이란 쓸쓸한 뒤뜰과 같다. 그곳에서는 암탉이 수탉보다 더 소리 높여 운다. **- 영국 속담**

결혼을 하십시오. 그러면 당신은 후회하게 될 것입니다. 결혼을 하지 마십시오. 그래도 당신은 후회하게 될 것입니다. 결혼을 하든 않든 간에, 당신은 똑같이 후회하게 될 것입니다.

- 키에르케고르

결혼이란 모든 인류가 범하는 가장 큰 과오이다. **- 조지 제세르**

결혼이란 폭풍의 하늘에 걸린 무지개와 같다.   - **바이런**

대다수의 사람들은 생각할 겨를도 없이 결혼을 하고, 평생을 후회 속에서 살아간다.   - **몰리에르**

성공적인 결혼은 적당한 짝을 찾는 데 있기보다는 적당한 짝이 되어주는 데 있다.   - **렌드우드**

결혼의 쇠사슬은 대단히 무겁다. 때로는 남녀 두 사람뿐만 아니라 아이들도 함께 운반해야 되므로.   - **유대 격언**

결혼은 발열로 시작해서 오한으로 끝난다.   - **리히텐베르크**

결혼 상대자를 눈으로 선택해서는 안 된다. 아내를 선별하기 위해서는 눈보다는 귀에 의존하는 것이 훨씬 성공적이다.
    - **T. 플러**

대부분의 미인이 하찮은 남자와 결혼하는 이유는 현명한 사나이는 미인과 결혼하려 하지 않기 때문이다.   - **S. 몸**

결혼이란 상호의 오해에 바탕을 둔 계약이다.   - 와일드

결혼은 연애의 경종(警鐘)이다.   - 유대 격언

결혼 생활은 새장과 같다. 밖에 있는 새들은 마구 들어오려고 하고, 안에 있는 새들은 마구 나가려고 몸부림친다.   - 몽테뉴

인간적인 사랑의 최고의 목적은 종교적인 사랑의 경우와 마찬가지로 사랑하는 사람과 하나가 되는 일이다.   - 보부아르

된장 잘못 담근 것은 일 년 원수, 아내 잘못 얻은 것은 백 년 원수이다.   - 한국 속담

육체적인 불만은 연애나 부부애를 감소시키기는커녕 오히려 그것을 강하게 한다. 그리하여 더욱 가까워지게 한다.   - 파카토

결혼이란 기나긴 대화이다. 자주 있는 말다툼은 거기에 색상을 부여한다.   - 스티븐슨

순결을 지켜서 항상 남편 곁을 떠나지 않는 여자는 하룻밤만이 아니라 매일밤 새색시이다. 언제나 사랑과 두려움으로 잠자리에 조용히 들어가, 수많은 처녀성을 그에게 바친다.   **- 해릭**

결혼은 한 사람의 주인과 한 사람의 여주인, 그리고 두 사람의 노예로 구성되어 있는 공동사회이다. 다만 인원은 모두 합해 두 사람뿐이다.   **- 비어스**

여자는 결혼 전에 울고, 남자는 결혼 후에 운다.　　- **작자 미상**

서둘러서 한 결혼이 순조로운 경우는 매우 드물다. - **셰익스피어**

결혼은 해도 후회하고 안 해도 후회할 것이다.　　- **소크라테스**

결혼을 신성하게 하는 것은 오직 사랑이다. 진정한 결혼이란 사랑으로 신성해진 결혼뿐이다.　　- **톨스토이**

이상적인 부부란 눈이 보이지 않는 아내와 귀가 들리지 않는 남편을 말한다.　　- **몽테뉴**

남자들이 속기 쉬운 것에는 3가지가 있다. 경마, 가발 그리고 아내이다.　　- **프랭클린**

결혼이란 남자의 권리를 절반으로 나누는 대신 의무는 두 배로 늘어나는 것이다.　　- **쇼펜하우어**

결혼은 겁쟁이도 할 수 있는 유일한 모험이다.   **- 볼테르**

결혼은 모든 것을 먹어치우는 괴물과 싸워야 하는 것이다. 그 괴물이란 바로 습관이다.   **- 발자크**

결혼은 지혜로운 사람이나 어리석은 사람이나 모두 한 번씩 동경과 후회를 경험하는 기본 코스이다.   **- 서양 속담**

이상적인 결혼이란 서로가 상대방을 자신의 고독에 대한 보호자로 임명하는 것이다.   **- 릴케**

절대 돈 때문에 결혼하지 말라. 돈 따위는 훨씬 싸게 빌릴 수도 있다.   **- 스코틀랜드 격언**

집이 가난하면 착한 아내 생각이 간절해진다.   **- 사기**

대부분의 아내는 남편을 섬긴다는 명분을 앞세워 결국은 남편을 지배한다.   **- T. 플러**

결혼, 그것은 하나를 창조하려는 두 사람의 의지이다.　- **니체**

결혼과 동시에 귀여운 약혼자는 무서운 아내로 돌변한다.
- **러시아 속담**

진정한 결혼이란 육체가 아닌 정신의 결합을 유지시킨다.
- **푸블릴리우스 시루스**

결혼 생활이 평화로우면 이 세상이 낙원이요, 싸움이 잦으면 세상은 지옥이다.　- **작자 미상**

어쨌든 결혼을 하라. 당신이 착한 아내를 얻는다면 당신은 무척 행복할 것이다. 만약 당신이 사악한 아내를 얻는다면 당신은 틀림없이 철학자가 될 것이다. 그리고 그것은 어떤 사람에게도 좋은 일이다.　- **소크라테스**

결혼의 가장 위험한 시기는 아침식사 시간이다.
- **앨런 패트릭 허버트**

결혼을 할 때는 이혼에 대해서도 미리 생각해야 한다. - **유대 격언**

결혼의 유일한 매력은 쌍방의 허위에 찬 생활을 절대로 필요하게 해준다는 사실이다. - **오스카 와일드**

결혼이 다른 어떠한 결합 형식보다도 뛰어난 것은, 그것이 남녀에 대하여 평생 동화(同化)하고자 굳게 다짐하고 뭉치는 절차이기 때문이다. - **모루아**

결혼이란 경건하고 신성한 결합이다. 그러므로 거기에서 얻어지는 즐거움은 억제되고 진지하며 조심스럽고 양심적인 쾌락이어야 한다. - **몽테뉴**

진실하게 맺어진 부부는 젊음의 상실이 더 이상 불행으로 느껴지지 않는다. 같이 늙어가는 즐거움이 나이 먹는 괴로움을 잊게 해주기 때문이다. - **모루아**

부유해지기 위하여 결혼하는 사람만큼 사악한 사람은 없으며, 연애를 위해서 결혼하는 사람만큼 어리석은 사람은 없다.
- **새뮤얼 존슨**

어떤 부부 사이든 늘 같이 있으면 오히려 소원해진다. - **몽테뉴**

결혼생활은 끊임없는 대화이다. 그러므로 참을성이 필요하다.
- **니체**

부부나 연인끼리의 문제에 제3자가 절대 말참견을 해서는 안 된다. 거기에는 세상 누구도 알지 못하는 둘만의 비밀이 있다.
- **도스토예프스키**

냉정한 여성은 현명한 남성을 다룰 수 있다. 그러나 어리석은 남성을 다루는 것은 현명한 여성만이 할 수 있는 일이다.
- **키플링**

남자들은 새색시를 만나면 먼저 얼굴을 본다. 그러나 여자들은 그녀가 입은 옷을 본다. - **포**

행복한 결혼에는 애정 위에 언젠가는 아름다운 우정이 접목되게 마련이다. 이 우정은 마음과 육체가 서로 결부되어 있기 때문에 한층 견고한 것이다. - **모루아**

부부가 싸움을 하는 이유는 서로 할 말이 없기 때문이다. 싸움은 두 사람이 시간을 보내는 하나의 방법이다.   - **몽테를랑**

행복한 결혼에 있어 가장 중요한 것은 남편에게는 지혜, 아내에게는 정숙이다.   - **허버트**

결혼 생활에 있어서 고통보다 기쁨이 많다고 절대 말하지 말라. 그것은 뻔한 거짓말이니까.   - **에우리피데스**

교양이 있는 사람일수록 타인을 한 번 보고 자신의 취향에 맞는지 구분하는 것은 쉽지 않음을 알 수 있다.   - **체스터필드**

구애할 때는 꿈을 꾸지만 결혼하면 잠에서 깨어난다.   - **포프**

고독이 두려우면 결혼하지 말라.   - **체호프**

성공적인 결혼을 위한 가장 중요한 요건은 영원한 결합을 맺고 싶다는 진정한 의지이다.   - **모루아**

결혼생활에 정열을 불태워라. 그러나 순결하고 요염하며 정숙해야 한다. - **바이런**

결혼은 남녀가 서로 즐기기 위해 만들어낸 것이 아니다. 이것은 오로지 창조하고 건설하기 위해 만들어진 결합이다. - **알랭**

좋은 아내를 얻으려면 화려하게 춤추는 곳에서 택할 것이 아니라 밭에서 일하는 여자 중에서 택해야 한다. - **프리보이**

대부분의 사람들이 물건을 선택할 때 신중하고 교활하다는 것을 알고 있다. 그러나 이렇게 교활한 사람들이 자기 신부감은 내용물을 살펴보지도 않고 봉지째로 산다. - **니체**

결혼하기 전에 상대와의 결합을 열 번, 백 번도 더 생각해보는 것이 좋다. 단순한 성적 교섭으로 자신의 인생과 타인의 전 인생을 결합한다는 것은 매우 어리석은 일이기 때문이다. - **톨스토이**

연애는 적당히 좋아하는 사람과 할 수 있다. 그러나 결혼해도 좋은 상대란 늘 같이 보조를 맞추어갈 수 있는 사람이다. - **헤세**

결혼을 잘 유지하려면 당신들의 온 정신을 기울여야만 한다.
- **입센**

남자는 많이 알면 알수록, 또 여행을 하면 할수록 시골 소녀와 결혼하고 싶어진다.
- **버나드 쇼**

멋지게 말하기보다는 재치 있게 말하기가 더 어렵다. 이런 단순한 이유에서 남편 노릇을 제대로 하기는 정말 어렵다.
- **발자크**

행복한 결혼은 약혼식을 치르면서부터 죽는 순간까지 결코 지루하지 않는 긴 대화를 나누는 것과 같은 것이다. - **모루아**

여성에게 있어서 만족할 만한 단 하나의 소원이 있다면 그것은 행복한 결혼이다. - **몽테를랑**

남자는 결혼해서 여자의 지혜로움을 알고, 여자는 결혼해서 남자의 어리석음을 안다. - **히세가와 조세칸**

결혼이 행복하지 않은 이유는 아내가 울타리를 만들어 남편을 붙들어매는 데에 정신을 쏟기 때문이다. - **스위프트**

결혼한 남성의 일생 중 가장 좋은 날은 이틀뿐이다. 즉 결혼식 하는 날과 아내를 매장하는 날이다. - **하포낙스**

저녁이 되면 사람들은 가정을 생각한다. 그들은 이미 가정의 행복을 맛본 사람이며 인생의 햇볕을 쪼인 사람이다. 따라서 가정을 사랑하는 사람은 그 따스한 빛을 받아서 밝은 평화의 꽃을 피운다. - **베히슈타인**

원만한 결혼 생활을 하는 부부를 찾기 힘든 이유는 그것이 얼마나 귀중하고 위대한 것인가를 알려주는 증거이다.   - 몽테뉴

혼인의 예의는 모든 예의 근본이다.   - 내훈

여자가 세 사람의 구혼자를 거부했을 경우에는 이후부터 스스로 나서서 구혼해야 한다.   - 스웨덴 격언

우리들은 항상 자녀들을 위해서 무엇인가를 하고 있다고 말한다. 그러나 자녀들이 우리들을 위하여 무엇인가 해주는 것을 보고 싶다.   - 에디슨

여자는 어쩌면 착한 남편을 만들어내는 천재인지도 모른다.
   - 발자크

아내의 덕행에 대해 칭찬하라. 하지만 아내의 잘못은 못 본 척 하라.   - 브라이언트

자비는 가정에서부터 생기고, 정의는 이웃에서부터 생긴다.
   - 디킨스

자기 가정을 훌륭하게 다스릴 줄 아는 사람이, 나랏일에도 크게 쓰일 인물이 된다.   - 소포클레스

가족! 이는 어디서부터 시작될까? 그것은 젊은 남자가 젊은 처녀와 연애에 빠지는 것으로부터 시작된다. 세상에서 이 이상 좋은 길은 아직 발견되지 않았다.   - 처칠

언제나 바르게 행동하라. 아이들을 대할 때는 특히 더. 아이들과 약속한 것은 꼭 지켜라. 그러지 않으면 당신은 아이들에게 거짓말을 가르치게 된다.   - 탈무드

이상적인 결혼과 마찬가지로 이상적인 어머니는 소설에서나 볼 수 있다.   - M.R. 새퍼스틴

여성은 감정에 흔들리기 쉽다. 그러나 어머니가 되면 아이들에게 감정의 흔들림을 보여줘서는 안 된다.   - 블랭키

밖에서 오랜 방황을 겪은 우리는 결국 평화를 찾아 가정으로 되돌아온다.   - 골드 스미스

천막을 치고 야영을 하기 위해서는 백 명의 남자가 필요하지만, 가정은 한 여자와도 이룰 수 있다.   - 잉거솔

현명한 아내는 남편이 숨기고 싶은 사소한 일을 늘 모르는 척한다. 이것이 결혼생활의 기본적인 예의이다.   - S. 몸

가족 이기주의는 개인 이기주의보다 훨씬 참혹할 때가 있다. 자기 때문에 남의 행복이 희생되는 것을 부끄러워하는 사람일지라도 자기 가족의 행복을 위해서는 남을 이용하는 것을 당연하게 생각하는 사람들이 많다.   - 톨스토이

자신의 아들이 자기보다 훌륭하게 되기를 바란다면, 아버지 자신도 완벽해야 한다.   - 플라우투스

삶의 마지막 별이요, 모든 선행의 최고 왕관은 형제 사이의 우애이다.   - E. 마검

자녀에게 매를 들지 않으면, 자녀가 부모에게 매를 들 것이다.
    - T. 플러

자식에게 구타당한 아버지는 문제가 있다. 그것은 그러한 자식을 자신이 만들었기 때문이다.　　　　　　　　　　　　- 페기

형제는 수족과 같고, 부부는 의복과 같다. 의복이 해졌을 때는 다시 새것을 살 수 있으나, 수족이 끊어지면 잇기가 어렵다.

- 장자

이 세상에는 여러 가지 기쁨이 있지만, 그 가운데서 가장 빛나는 기쁨은 가정의 웃음이다. 그 다음의 기쁨은 어린이를 보는 부모들의 즐거움인데, 이 두 가지 기쁨은 사람의 가장 성스러운 즐거움이다.　　　　　　　　　　　　- 페스탈로치

아버지와 어머니와 자식, 이것은 지구가 멸망하지 않는 한 영원히 지속되는 아름다운 화음이다.　　- 에른스트 뵈이헤르트

부부간의 열정이 식어버리면 남편이 그 아내를 미워할 수 있지만 어버이의 사랑은 평생 지속된다.　　　　　　　- R. 브라우닝

나는 가정의 화목과 가정의 민주주의, 가정의 공화제를 바람직하게 생각한다.　　　　　　　　　　　　　　　　- 잉거솔

가정이여, 폐쇄된 가정이여! 나는 너를 증오한다.   - **지드**

어머니의 더할 나위 없는 귀염둥이였던 사람은 성공한 사람의 기분을 일생 동안 가지고 살며, 그 성공에 대한 자신감은 그를 쉽게 성공으로 이끈다.   - **프로이트**

어머니께서는 나에게 경건함과 자애로움의 모범을 보여주셨다. 어머니는 경박한 행동은 물론 그런 생각도 하지 않으셨다. 더욱이 어머니는 늘 부자들의 생활습관과는 거리가 먼 검소한 생활태도를 나에게 보여주셨다.   - **아우렐리우스**

어머니가 아들을 한 사람의 청년으로 만드는 데 20년 이상이 걸린다. 그러나 한 여성이 그 아들을 바보로 만드는 데는 단 20분이면 된다.   - **로버트 프로스트**

군자는 모든 것을 공경하나 그 중 몸 공경함을 가장 으뜸으로 친다. 몸이란 부모의 가지이니 어찌 공경하지 아니할 수 있겠는가. 그 몸을 공경하지 못하면 이는 곧 부모를 상함이며, 부모를 상하게 함은 뿌리가 상함이니, 그 뿌리가 상하면 가지도 따라서 망하게 된다.
— 공자

지혜로운 아들은 아비를 기쁘게 하나 미련한 아들은 어미의 근심이니라.
— 구약성서

깊은 사랑으로 효도하는 사람은 반드시 온화함이 있고, 온화함을 가진 사람은 반드시 즐거움이 있고, 즐거움이 있는 사람은 반드시 평화롭다.
— 소학

가정은 때로는 안식처이기도 하지만 때로는 바늘방석이 되기도 한다.
— 서양 속담

아내가 있는 남자는 운명의 인질로 잡힌 것이다. 왜냐하면 처와 자식은 사업을 하는 데 있어서 좋건 나쁘건 방해가 되기 때문이다.
— 베이컨

세월이 흐르면서 젊음은 사라지고 우정의 잎사귀도 떨어지지만, 어머니의 남모르는 사랑은 영원하다.
— 홈스

핏줄은 아무리 멀리 떨어져 있다 해도 끊지 못한다. 형제는 영원토록 형제이다.
― J. 키블

누구든지 자기 친족, 특히 자기 가족을 돌보지 않는 사람은 믿음을 배반한 사람으로, 신앙이 없는 사람보다 더 나쁜 사람이다.
― 신약성서

멀리 있는 물은 가까이 있는 불을 끄지 못하고, 먼 곳에 있는 친척은 가까이 있는 이웃만 못하다.
― 명심보감

적절하게 가구가 채워진 집, 잘 꾸며진 방, 순종하는 아내, 그런 것들이야말로 가장 커다란 재산이다.
― T. 레이

온갖 실패나 불행을 겪어도 인생에 대한 믿음을 끝까지 포기하지 않는 사람이 있다. 낙천가는 대부분 훌륭한 어머니 품에서 자라난 사람들이다.
― 모루아

전쟁으로 온 세상이 어지러워도 가정에는 평화가 있어야 한다.
― 워츠

한 집안에 예(禮)가 있어 서로 공경하고 사랑하면 세상 사람들이 모두 숭배한다. 만일 그렇지 아니하면 세상 사람들이 모두 경멸한다.
― 대학

남편의 사랑이 지극할 때 아내의 소망은 작아진다. 따라서 남편이 그저 다정스런 눈으로 바라보기만 해도 아내는 그것으로 만족한다.
― 체호프

운명이 나를 방황하게 할지라도 나는 의연히 말하리라, 내 집이 가장 좋다고.
― W. 쿰

원만한 부부생활이란 죽느냐 사느냐 하는 아슬아슬한 지경에까지 이르지 않도록 단도리를 하는 것이다.
― 도스토예프스키

가정이란 네가 그곳으로 가려고 할 때, 그들이 너를 받아들여야만 하는 곳이다.
― 프로스트

개인의 집은 임금도 함부로 침입할 수 없는 성곽이다. ― 에머슨

자녀를 교육하는 어머니의 모습은 하느님이 내려주신 세상에서 가장 아름다운 사랑의 표상이다. 이를테면 진정한 여신이란 이를 두고 말하는 것이다. - **페스탈로치**

검소함과 부지런함은 가정을 다스리는 근본이요, 화목과 순종은 집안일을 처리하는 근본이다. - **명심보감**

국가의 기본은 한 가정에 있다. 모든 가정이 제 역할을 잘 하면 국가는 바로 설 수 있다. - **대학**

어머니가 아버지보다 자식에 대해 더 깊은 애정을 갖는 이유는 어머니는 자식을 낳을 때 고통을 겪었기 때문에 자식이란 절대적으로 자기 것이라는 마음이 아버지보다 강하기 때문이다.
- **아리스토텔레스**

내 자식들이 해주기 바라는 것과 똑같이 네 부모에게 행하라.
- **소크라테스**

나무가 고요하고자 하나 바람이 멈추지 않고, 자식이 효도하고자 하나 어버이가 기다려주지 않는다. - **한시외전**

결혼의 실체 & 고달픈 인생의 안식처, 가정!

나는 성장하는 과정에서 좋은 스승과 좋은 벗을 많이 만나 큰 도움을 받았다. 그러나 무엇보다도 아버지로부터 받은 사랑과 교훈, 그리고 모범이 가장 훌륭한 교육이었다. - **발푸아**

사람은 집에 있을 때 행복에 가장 가까워지고, 밖으로 나가면 행복에서 가장 멀어지는 법이다. - **홀런드**

집을 보면 그 주인을 알 수 있다. - **허버트**

부모를 섬기되 여러 번 간해도 뜻을 좇지 않거든 공경함을 어기지 않고, 수고로워도 원망치 않으며, 또 공경하고 효도해서 부모가 기뻐하시거든 다시 간해서 제 정성을 쌓아 부모를 감동시켜 자기의 간하는 말을 좇도록 한 뒤에 그만두어야 한다. - **효경**

어머니는 우리의 마음속에 얼을 주고, 아버지는 빛을 준다.
- **장 파울**

화목한 가정은 서로간의 작은 희생이 없이는 절대로 영위되지 않는다. 이 희생은 그것을 실행하는 사람을 위대하게 하며 아름답게 한다. - **지드**

슬프도다! 부모는 나를 낳았기 때문에 평생 고생만 했다. - **시경**

남에게 어떠한 행동을 하였느냐에 따라 그 사람의 행복이 결정된다. 남에게 행복을 주려고 했다면 그만큼 자신에게도 행복이 온다. 자녀가 맛있는 음식을 먹는 것을 보고 어머니는 행복을 느낀다. 자기 자식이 좋아하는 모습을 보는 것은 어머니의 기쁨이기도 하다. 그리고 이 이치는 부모나 자식 사이에만 적용되는 것이 아니다.
- **플라톤**

아버지가 사랑하고 아들이 효도하며 형이 우애하고 아우가 공경하여 비록 극진한 경지에까지 이르렀다 할지라도 그것은 모두 마땅히 그렇게 해야 하는 것일 뿐인지라, 털끝만큼도 감격스런 생각으로 볼 것이 못 된다. 만약 베푸는 쪽에서 덕으로 자임(自任)하고, 받는 쪽에서 은혜로 생각한다면 이는 곧 길에서 오다가다 만난 사람이니 문득 장사꾼의 관계가 되고 만다. - **채근담**

부모 앞에서는 결코 늙었다는 말을 해서는 안 된다. - **소학**

부모를 공경하는 효행은 쉬우나, 부모를 사랑하는 효행은 어렵다.
- **장자**

부모의 사랑은 내려갈 뿐이고 올라오는 법이 없다. 즉 사랑이란 내리사랑이므로 자식에 대한 부모의 사랑은 자식의 부모에 대한 사랑을 크게 능가한다. - C. A. 엘베시우스

방안에서 자기 아이들을 위해 전기 기차를 매만지며 삼십 분 이상을 허비할 수 있는 남자는 그가 어떤 사람이든 절대 악한 인간이 아니다. - 스트라빈스키

우리가 부모가 됐을 때 비로소 부모가 베푼 사랑의 고마움이 어떤 것인지 절실히 깨달을 수 있다. - 헨리 워드 비처

내가 성공했다면, 그것은 오직 천사와 같은 어머니 덕분이다.
- A. 링컨

부모를 사랑하는 사람은 남을 미워하지 않으며, 부모를 공경하는 사람은 남을 얕보지 않는다. - 불경

저울의 한쪽 편에 세계를 실어놓고 다른 한쪽 편에 나의 어머니를 실어놓는다면, 세계편이 훨씬 가벼울 것이다. - 랑구랄

설사 자식에게 업신여김을 받아도 부모는 자식을 미워하지 못한다.   - **소포클레스**

세상에서 제일 안전한 피난처는 어머니의 품속이다. - **풀로리앙**

자기 자식에 대하여 제대로 아는 아버지는 슬기롭다.
   - **셰익스피어**

큰 질병을 앓거나 비참한 경우를 당했을 때 부모의 이름을 부르지 않는 사람은 없다. 그때 잊어버리고 있던 부모를 생각한다. 이것이 인지상정(人之常情)이라는 것이다.   - **문장궤범**

한 사람의 아버지가 백 사람의 선생보다 낫다.   - **조지 허버트**

천하의 모든 물건 중에는 내 몸보다 더 소중한 것은 없다. 이 소중한 몸은 부모가 주신 것이다.   - **이이**

훌륭한 부모 슬하에 있으면 넘치는 사랑을 체험할 수 있다. 그것은 먼 훗날 노년이 되어도 없어지지 않는다. - **루트비히 베토벤**

집은 어머니의 몸을 대신하는 곳이다. 어머니의 몸이야말로 언제까지나 사람들이 동경하는 최초의 집이다. 그 속에서 인간은 가장 안전했으며 또 몹시 쾌적하기도 했다. - S. 프라이드

자식을 기르는 부모야말로 미래를 볼 줄 아는 사람이라는 것을 가슴속 깊이 새겨야 한다. 자식들이 조금씩 성장함으로써 인류의 미래는 조금씩 진보하기 때문이다. - 칸트

공자는 말했다. 오늘날의 효라는 것은 물질적으로만 잘 봉양하는 것만을 일컫는다. 그러나 개나 말 따위도 모두 먹여 기르는 것이니, 공경함이 없다면 무엇으로 이를 구분할 수 있겠는가?
- **공자**

효는 모든 덕행의 근본이며 또한 교화의 근원이다. - **공자**

엄격한 아버지는 효자를 낳고, 엄격한 어머니는 효녀를 낳는다.
- **명심보감**

사람이 바꾸려 해도 바꿀 수 없는 것이 한 가지 있다. 그것은 자기의 부모이다. - **유대 격언**

길거리 사람들과 시골의 고루한 사람들이 학술과 예의는 모르지만, 능히 자기 몸을 잊고 어버이를 생각함이 성심(誠心)에서 나와서 하는 일이니 또한 칭송할 만하다.   - **송기**

세 번 간을 올려도 부모가 들어주지 않으면, 소리 내어 울며 따르라.   - **예기**

신(神)은 도처에 가 있을 수 없기 때문에 어머니를 만들었다.

    - **유대 격언**

효라는 것은 행인(行仁)의 근본이다.   - **공자**

사랑이란 부모를 봉양하여 즐겁게 해주는 것이요, 공경이란 부모를 지극한 마음으로 봉양하는 것이다. 원래 사람의 마음속에는 사랑하는 마음이 있으나, 이 사랑하는 마음을 부모에게 베푸는 것은 당연한 일이다.   - **증자**

부모가 사랑을 주시거든 기뻐하면서 잊지 않아야 하며, 부모가 미워하시더라도 노력하면서 원망하지 않아야 한다.   - **맹자**

어머니는 아들을 절반밖에 보살피지 않는다. 나머지 절반을 보살피는 것은 아내의 몫이다.   - 로맹 **롤랑**

부모의 잘못을 아는 듯 모르는 듯 여쭈어가면서 그래서는 안 될 뜻만을 보이며, 공경하는 마음에 틈이 나서는 안 된다.- **공자**

처자를 사랑하는 마음으로써 부모를 섬기면 그 효성이 극진할 것이요, 부귀를 보전하려는 마음으로써 임금을 받들면 충성 아닌 것이 없을 것이요, 남을 꾸짖는 마음으로써 자기를 꾸짖는다면 허물이 적을 것이요, 자기를 용서하는 마음으로써 남을 용서한다면 사귐을 온전히 할 수 있을 것이다.   - **명심보감**

자녀에게 침묵하는 것을 가르쳐라. 말하는 것은 너무나 쉽게 배울 수 있다.   - **B. 프랭클린**

지나친 애정은 아이의 영혼을 약하게 만든다.   - **몽테뉴**

어버이가 살아 계시면 뜻을 살피고, 돌아가시면 생전의 업적을 본받아 3년간을 고치지 않고 좇는 것이 효이다.   - **논어**

무릇 효는 덕의 근본이다. 모든 가르침이 여기에서 시작된다.
   - **효경**

부모가 자녀를 사랑하는 것은 자(慈)이고, 자녀가 부모를 잘 받드는 것은 효이다.   - **퇴계 이황**

효도는 어버이를 섬기는 일에서 시작하여 임금을 섬기는 것이 중간 단계이며, 훌륭한 사람이 되는 것으로 완성된다.   - 소학

효도의 첫째는 공경하는 일이다.   - 율곡 이이

어진 아내는 그 남편을 귀하게 만들고, 악한 아내는 그 남편을 천하게 만든다.   - 명심보감

우리의 삶을 가장
인간답게 만드는 것
예절과 선행!

평범한 능력밖에 없는 사람들의 겸양은 진실이지만, 매우 뛰어난 재능을 가진 사람들의 겸양은 위선이다. - **쇼펜하우어**

경멸은 언제나 정도에 넘치는 공손한 말 속에 교묘하게 숨어 있다. - **스탕달**

항상 자기가 설 곳보다 조금 낮은 장소를 택하라. 타인에게서 내려가라는 말을 듣는 것보다 올라가라는 말을 듣는 편이 낫다. 자기 스스로 높은 곳에 앉은 사람을 신은 아래로 밀어내고 스스로 겸손한 사람을 부축해 올린다. - **탈무드**

세상을 살아가면서 다른 사람들과 이런저런 일로 다투어서는 절대 안 된다. 언제나 한 발짝 뒤로 양보할 줄 알아야 한다. 그렇게 하는 것이 자신의 인격을 높이는 것이며, 다른 사람보다 높은 지위에 오르게 되는 근본이 된다. 즉, 한 걸음 물러서는 것은 바로 한 걸음 앞으로 나아갈 수 있는 원동력이 된다. - **채근담**

진정으로 용기 있는 사람만이 겸손할 수 있다. 겸손은 자기를 낮추는 것이 아니라 도리어 자기를 세우는 것이다. - **브하그완**

언제나 상냥한 사람은 결코 손해보지 않는다. - **J. 클라크**

겸손하지 않은 사람이 성공한 것을 본 적이 있는가? 겸손은 인생에서 성공하기 위한 첫번째 열쇠이다. - **실러**

깍듯한 예절로 크게 이겨라. 최후의 승자는 친절한 사람의 것이다. 힘없는 사람, 용기 없는 사람은 다만 친절을 가장할 뿐이다.
- **중국 격언**

겸손도 정도를 넘으면 교만이 된다. - **영국 격언**

남에게 친절함으로써 그 사람에게 준 유쾌함은 곧 나에게 돌아온다. 뿐만 아니라 때로는 이자를 가져오기도 한다. - 스미스

은혜는 갚을 수 있는 범위 한에서 베풀어야 한다. 그 한계를 넘어서면 고마운 마음 대신 증오심을 불러일으킨다. - 타키투스

누구든지 자기를 높이는 자는 낮아지고, 자기를 낮추는 자는 높아지리라. - 신약성서

기고만장한 것보다 허리를 굽히는 쪽이 더 지혜롭다. - 워즈워스

늘 겸손하고 소박하게 행동하라. 그러면 곧 의리가 들어와 자리 잡는다. 그 마음속에 의리가 있으면 허욕이 들어가지 못한다. - 채근담

스스로를 굽히는 사람은 중요한 일을 잘 처리하고, 타인을 이기는 것을 좋아하는 사람은 필시 적을 만든다. - 경행록

진실로 겸손한 사람은 자기 자신에 대해 절대로 말하지 않는다.
- **라 브뤼에르**

자신의 몸이 귀하다고 하여 남을 천하게 여기지 말고, 자기가 크다고 하여 타인의 작은 것을 업신여기지 말라. - **강태공**

항상 겸손한 사람은 타인에게 칭찬을 들었을 때나 험담을 들었을 때나 변함이 없다. - **장 파울**

고상하면 할수록 더욱 겸손해진다. - **J. 레이**

겸손하지 못한 사람은 항상 타인을 비난한다. 그런 사람은 타인의 그릇된 면만을 골라낸다. 그럼으로써 그 사람의 욕망과 죄는 점점 더 커져만 간다. - **톨스토이**

칭찬받기보다 칭찬하기를 즐겨라. 칭찬받고 싶어 타인으로부터 칭찬을 받았다 한들 그게 무슨 의미가 있는가? 당신의 행동이 타인으로부터 칭찬받을 수 있도록 공(功)을 쌓았다면, 칭찬 따위는 사실 번거로운 것에 불과할 뿐이다. - **한비자**

겸손은 신이 사람에게 내린 최고의 덕이다.   - 브하그완

자기 자신에 대해서 엄격하라. 그러나 타인에 대해서는 항상 겸손하라. 그때 당신에게는 적이 없어질 것이다.   - 중국 격언

다른 사람에게 관대하고 친절한 것이 자신의 마음의 평화를 유지하는 길이다. 남을 행복하게 할 수 있는 사람만이 스스로의 행복을 얻을 수 있다.   - 플라톤

우러러볼수록 더욱 높고, 팔수록 더욱 깊고, 친할수록 더욱 경이로운 곳에 친절이 있다.   - 법구경

친절은 이 세상을 아름답게 만들며 모든 비난을 해소한다. 그리고 얽힌 것을 풀어헤치고, 어려운 일을 수월하게 만들고, 암담한 것을 즐거움으로 바꾼다.   - 톨스토이

옛 친구를 만나거든 전보다 더한층 도탑게 맞이하라. 또한 불우한 환경에 빠졌다든지 운수가 나빠서 어려움에 빠진 사람을 대하거든, 그의 환경이 좋았을 때보다 더욱 친절하게 대하라.
      - 채근담

마음을 다한 친절은 극히 드물다. 친절한 사람은 보통 단순히 친절을 베푼 것이거나, 아니면 마음이 약한 자일 뿐이다.
- **라 로슈푸코**

은혜를 베풀려거든 그 보상을 바라지 말고, 남에게 주었거든 뒤에 후회하지 말라. - **명심보감**

인간은 타인을 칭찬함으로써 자기가 낮아지는 것이 아니다. 그렇게 함으로써 오히려 자기를 상대방과 같은 위치에 올려놓는 것이다. - **괴테**

사람을 대함에 있어 누구를 흉보고 누구를 칭찬하랴. 그러나 사람을 칭찬할 때는 먼저 그를 시험해본 다음에 해야 한다. - **공자**

가장 위대한 선물은 끝없는 친절이다. 그리고 친절은 진정한 의미에 있어서 위대한 사람만이 할 수 있는 일이다. - **러스킨**

아버지가 아들의 중매를 하지 않는 것은 아버지가 아들을 칭찬하는 것보다 다른 사람이 칭찬하는 것이 더 효과가 있기 때문이다. - **장자**

칭찬, 그것은 때로는 삶의 활력소가 되기도 하지만, 때로는 추진력을 잃게도 만든다.
- 프랭클린

밤에는 낮을 찬양하라. 그리고 인생의 마지막에는 삶을 찬양하라.
- 허버트

공손이란 가장 친절한 방법으로 가장 친절한 것을 행하고 말하는 것이다.
- L. 루이전

호의를 베풀 줄 모르는 사람은 그것을 바랄 권리도 없다.
- 푸블릴리우스 시루스

친절은 언제나 친절을 낳는다. 그러나 은혜에 대한 기억을 마음속에 간직해두지 않는 사람은 더 이상 고귀한 사람이 아니다.
- 소포클레스

누군가 결론의 말을 해야 한다. 결론의 말이 없으면 모든 의논은 다른 사람에 의해 뒤집힐 수 있고, 우리들은 의논을 결코 끝낼 수 없을 것이다.
- 카뮈

칭찬은 밑천이 들지 않지만 그 대가는 비싸다.   - T. 플러

조용한 거부는 곧 친절이다.   - 푸블릴리우스 시루스

나를 좋게 말하면서 나를 사랑하지 않는 사람이라면, 나도 그를 칭찬하되 신뢰하지는 않을 것이다.   - J. 레이

되도록 말은 적게 하고, 행동은 삼가라.   - 헤이우드

만약 친절하다는 말을 듣고 싶으면 조금 지나칠 정도로 친절해야만 한다.   - 마리보

사람은 자기 자신을 높이 평가할수록 타인에 대하여 미워하는 마음을 갖기 쉽다. 반대로 겸허하면 겸허할수록 화를 내는 일도 그만큼 적어진다.   - 톨스토이

용기와 힘을 함께 갖춘 사람은 결코 교만하지 않다. 힘이 있는 사람의 겸손은 진심이며, 약한 사람의 겸손은 허위이다.
    - 브하그완

말에도 아름다운 꽃과 같이 각기 그 색깔이 있다. - E. 리스

진실로 친절할 수 있는 사람은 확고한 신념을 가진 사람뿐이다. 겉보기에 친절한 사람은 대체로 나약하며 쉽게 사나워진다.
- **라 로슈푸코**

겸손은 가장 얻기 어려운 미덕이다. 반면에 자기 자신을 높이 평가하는 것보다 더 어리석은 것은 없다. - T. S. 엘리엇

대화는 항상 겸손하고 부드럽게 하라. 그리고 부탁하건대 말수를 줄여라. 그러나 말을 할 때는 요령 있게 하라. - W. **존슨**

어떤 대화든 진지하게 하라. - T. 캔

언어는 인류의 축적된 기억이다. 언어는 모든 시대를 통해 공통된 것이 사멸했다 사라지며 전진하는 존재로, 끊임없이 연결되는 생명의 실오라기이자 신경과도 같은 것이다. - W. 스미스

진실한 말은 꾸밈이 없고 꾸미는 말은 진실이 없다. - **노자**

자식을 진정으로 사랑하거든 칭찬보다는 격려를, 격려보다는 채찍을 가하라. 칭찬은 사람을 가라앉게 만들며, 격려는 사람을 걸어가게 만든다. 그러나 채찍은 사람을 달려가게 만든다.
- 장 파울

통렬한 농담이 진실에 가까울 경우 그 배후에는 날카로운 가시가 있다.
- 타키투스

아무리 겸손한 사람이라 하더라도 칭찬을 들으면 즐겁게 마련이다.
- 파쿼

칭찬을 들었을 때 우쭐하는 사람은 사실 칭찬받을 자격이 없는 사람이다. - 프로스트

타인이 억지로라도 칭찬하게 하는 유일한 방법은, 자신이 칭찬받을 일을 행하는 것이다. - 볼테르

세상 사람 모두가 당신에게 갈채를 보낼 때 조심하라. 그것은 때때로 올가미보다 더 위험하다. - 영

어린이와 바보는 거짓말을 할 줄 모른다. - 헤이우드

은혜를 베푸는 사람은 그것을 감춰라. 그리고 은혜를 입은 사람은 그것을 공개하라. - 세네카

우쭐대거나 뽐내지 않는 사람은 자기 자신이 믿고 있는 것보다 훨씬 큰 인물이다. - 피레

소리가 없는 사람은 위험한 사람이다. - 라 퐁텐

말이 많은 사람은 실행이 적다. 성자는 언제나 자신의 말에 실행이 따르지 않을까 걱정한다. 행동이 그 말과 일치되지 않음을 두려워하기 때문에 성자는 결코 헛소리를 하지 않기 때문이다.
- 중국 격언

사람들은 참으로 이상한 행동을 한다. 그들은 자기 자신과 동시대를 함께 살고 있는 사람들을 좀처럼 칭찬하지 않는다. 오히려 자신이 아직 보지 못했거나 또한 결코 볼 수도 없는 후세의 사람들에게서 칭찬을 받는 것에 커다란 의미를 두고 있다.
- 아우렐리우스

참된 웅변은 칭찬에 대하여 철저히 침묵을 지키는 일이다.
- 불워 리턴

말하는 사람은 씨를 뿌리고, 침묵하는 사람은 거두어들인다.
- J. 레이

언어는 셀 수 없을 만큼 많은 귀중하고 치밀한 사상이 온전하게 파묻혀 보존되어 온 호박(琥珀)이다.   - R. C. 트렌치

삶에 있어서 가장 훌륭한 것은 대화이다.   - 에머슨

슬픔에 젖은 사람에게 농담을 적용시키기란 무척 어렵다.
- A. 티블루스

인간은 말을 할 때보다 침묵할 때 더욱 인간답다. - 카뮈

말은 마음의 열쇠이다. 아무 짝에도 쓸모없는 대화는 모두 부질없는 낭비이다. 홀로 있을 때 자신의 죄를 생각하라. 그러나 사람들과 함께 있을 때에는 다른 사람의 죄를 잊어라. - 중국 격언

눈에 띄게 말이 없는 사람들 대부분은 자신을 가장 높게 생각한다. - W. 헤즐릿

쓸데없는 잡담만큼 태만을 화려하게 꾸미는 것은 없다. 원래 사람이란 입을 다물고 오랫동안 있을 수가 없는 법이다. 태만으로 생기는 답답증을 풀기 위해서는 잡담이라도 해야지 그러지 않고는 견디지 못한다. - 톨스토이

불평을 하는 사람에게 돌아가는 것은 일반적으로 동정이 아니라 경멸이다. - S. 존슨

당신의 인생에 말이나 생각 따위는 한낱 사치스런 수단에 지나지 않는다. 모든 번잡스런 것을 잊고 명상에 잠겨보라. - 브하그완

성자는 어떤 사람의 말을 듣고 그 사람의 가치를 판단하는 일이 없다. 그리고 보잘 것 없는 사람이 이야기했다고 해서 그 말을 가벼이 하는 일도 없다.   - 중국 격언

인간의 말은 그의 두뇌 속에 일어나는 사상을 번역하는 데 가장 효과 있는 무기이다. 그러나 진정으로 깊은 감정의 영역에 있어서 그 번역은 너무도 미약하다.   - 코시트

멋진 유머는 아름다운 마음과 좋은 하모니를 이룬다.   - 제럴드

뱀은 풀 속에 숨어 있고, 달콤한 말 속에는 무서운 독이 숨어 있다.   - E. 홀

웅변가란 어떤 사람을 말하는가? 보잘 것 없는 저급한 논제일지라도 유쾌하고 아름답게 다루는 사람이다. 그리고 온건한 사건은 온건한 대로 적당히 다루는 사람이다.   - 키케로

가장 무서운 자는 침묵을 지키는 자이다. - **호라티우스**

사람의 인격은 항상 그 사람의 언어에서 드러난다. - **메난드로스**

발을 한 번 헛디뎠을 때는 다시 바로 일어설 수 있지만 한 번 헛나온 말은 결코 돌이킬 수 없다. - **T. 플러**

거짓말로 사람을 속이는 것은 악인의 천성이다. - **키케로**

나쁜 소문은 좋은 소문보다 훨씬 더 빨리 퍼진다. - **T. 키드**

단순한 말에는 이따금 큰 지혜가 내포되어 있다. - **소포클레스**

우리가 말을 할 때는 말하는 이유가 필요하지만 침묵을 지킬 때는 침묵해야 할 이유가 필요없다. - **P. 니콜**

침묵은 진실의 어머니이다. - **디즈레일리**

아부, 그것은 악덕의 시녀이다. — 키케로

바른 말은 듣기에는 좋지 않은 법이다. — 한비자

개는 잘 짖어야 좋은 개이고 사람은 말을 잘해야 똑똑한 사람이다. — 장자

훌륭한 말을 하기 전에 그 말을 할 장소를 물색하라. — 주베르

사람들 개개인이 하는 말에 다 의미가 있는 것은 아니다. 그럼에도 불구하고 마음에 담고 있는 생각을 전부 말하는 사람은 거의 없다. 왜냐하면 말은 매끄럽고 생각은 끈적끈적하기 때문이다. — 애덤스

말은 인간적이다. 그러나 침묵은 신성하고 야수적이면서 죽은 것이다. 그러므로 우리는 양쪽 기술을 모두 배워야 한다. — 칼라일

말을 너무 적게 한 것에 대해 후회하는 일은 없지만 말을 너무 많이 해서 후회하는 일은 흔히 있다. — P. D. 코민

가장 철저한 거짓말은 때때로 침묵 속에서 말해진다. - **스티븐슨**

훌륭한 사람일수록 말수가 적은 법이다. - **헤세**

귀 기울이려고 하지 않는 사람에게 말하는 것을 좋아할 사람은 아무도 없다. 화살은 결코 돌에는 꽂히지 않는다. 때때로 그것은 그것을 쏜 사람에게로 도로 튀어간다. - **성 제롬**

손을 가지지 못한 사람은 혀를 사용해야 한다. 여우는 약하기 때문에 그토록 교활한 것이다. - **에머슨**

말은 행위의 거울이다. - **스피노자**

후회하지 않는 방법, 그것은 바로 침묵을 지키는 것이다.
- **중국 격언**

위트를 지녔다면 타인을 기쁘게 하기 위해서 사용하고 타인의 마음을 상하게 하기 위해서는 사용하지 말라. - **체스터필드**

입은 곧 마음의 문이니 입막음을 주의하지 않으면 모든 진정한 비밀이 새어나가리라. 뜻은 마음의 발이다. 뜻 막기를 엄격히 하지 않으면 모든 것이 그릇된 길로 달아나 버리리라. - **채근담**

사람은 침묵하고 있어서는 안 될 경우에만 말해야 한다. 그리고 자신이 극복해온 일에 대해서만 말을 해야 한다. 그 이외의 것은 모두 쓸데없는 것들이다. - **니체**

타인의 말은 세심한 주의를 기울여 듣고, 되도록 말하는 상대의 마음속으로 파고들도록 그대 자신을 길들여라. - **아우렐리우스**

말은 혀로 하는 것이 아니라 머리로 해야 한다. - **아메브리**

잡담이란 마치 담배를 피우는 사람들의 불결한 담뱃대에서 나오는 연기와 같은 것이다. 그것은 흡연자의 고약한 취미를 드러내는 것과 다름없다. - **엘리엇**

말을 많이 들으면 들을수록 당신은 더욱더 약해진다.

- **디즈레일리**

주의 깊게 듣고 현명하게 질문하고 조용히 대답하고, 그리고 더 이상 말이 필요 없을 때에 입을 열지 않는 사람은 인생에서 가장 필요한 의의를 깨달은 사람이다. － 라하테르

타인을 헐뜯거나 비방하고 싶은 마음이 들거든 차라리 침묵을 지켜라. 절대 타인의 욕설을 하지 말라. 그리고 주정뱅이가 술을 끊었을 때, 또는 애연가가 담배를 끊었을 때의 그러한 감정을 경험하라. 그것은 특별히 정결한 감정이다. 그리하면 비로소 여러 가지 악습으로 되돌아가는 일이 없어질 것이다. － **톨스토이**

자신이 하는 말을 상대방이 듣게만 할 것이 아니라 이해를 시켜야 한다. 즉 말에는 기억력과 지성과 상상력이 자연스럽게 조화를 이루어야 한다. － 주베르

언제나 자기 자신을 조심하라. 그리고 되도록 침묵을 생활화하라. 타인에 대한 말을 꺼낼 때에는 침묵 속에서 거듭 생각한 후에 좋은 말만 골라서 하라. 그러나 그 말도 침묵보다 못하다는 것을 느끼게 되리라. － 드라이든

말하는 것은 지식의 영역이고, 듣는 것은 예지의 특권이다.

－ **홈스**

모든 사람들의 말에 귀를 기울여라. 그러나 누구를 위해서도 입을 열지 말라.　　　　　　　　　　　　　　　　- 셰익스피어

신이 인간에게 한 개의 혀와 두 개의 귀를 준 것은 말하는 것보다 타인의 말을 두 배 더 많이 들으라는 이유에서이다.

- 에픽테토스

먼저 생각하라. 그 다음에 말을 하라. 그러나 듣는 사람이 싫증을 내기 전에 그쳐라. 인간은 말을 하기 때문에 동물과 다르다. 그러나 그 말이 다른 사람에게 도움을 주지 못하면 동물보다도 못한 것이 된다.　　　　　　　　　　　　　　- 페르시아 격언

어리석은 자는 보편적으로 자신의 힘이 미치지 못하는 일에 대해서는 나쁘게 이야기한다.　　　　　　　　　　- 라 로슈푸코

인간은 언어를 통해서만 온전한 인간이 된다.　　　- 슈타인

농담이 유행하는 이유는 그것을 지껄이는 사람의 혀에 그 원인이 있는 것이 아니다. 그것을 들어주는 사람의 귀에 원인이 있는 것이다.　　　　　　　　　　　　　　　　　　- 셰익스피어

우리의 삶을 가장 인간답게 만드는 것

좋은 말을 하는 것은 선한 일이긴 하지만 행동으로 옮기지 않는 것은 아무 의미가 없다.　　　　　　　　　　　　- 셰익스피어

좋은 웅변은 필요한 것을 전부 말하지 않고, 필요하지 않은 것은 절대로 말하지 않은 데 있다.　　　　　　　　　- 라 로슈푸코

만약에 한 사람을 제외한 온 인류가 모두 똑같은 의견이고 단 한 사람만이 반대 의견을 가지고 있다고 가정하자. 이때 모든 사람이 그 한 사람을 침묵시키는 것이, 그 한 사람이 권력을 잡았을 때 전 인류를 침묵시키는 부조리와 무엇이 다른가.　- 밀

사람의 눈은 둘이지만 입은 하나이다. 그것은 말하는 것의 두 배를 보기 위해서이다.　　　　　　　　　　　　　- 쿨런

사람이 말 잘하는 재주를 지니지 못했으면 침묵을 지킬 줄 아는 지각이라도 있어야 한다. 만약 이 두 가지를 가지고 있지 않으면 그 사람은 불행한 사람이다.　　　　　　- 라 브뤼에르

침묵은 어리석은 사람의 지혜요, 현명한 사람의 덕이다.
　　　　　　　　　　　　　　　　　　　　　- 보나르

마땅히 말해야 할 때에 말을 하지 못하는 사람은 전진할 수 없는 사람이다. 그 대신 침묵해야 할 때 그것을 참지 못하는 사람은 처세의 비결을 모르는 사람이다. 마땅히 말해야 할 때 말하는 사람은 용기를 가진 사람이요, 침묵해야 할 때 참지 못하는 사람은 바보나 다름없다.   - 스마일스

비통함에 빠진 사람을 괴롭히는 모든 요인 가운데 가장 가슴 아픈 것은 모욕적인 농담이다.   - 존슨

강한 사람이 되려면 말의 기술자가 되어라. 사람의 힘은 혀에서 나오며, 연설은 그 어떤 전투보다 위력이 있기 때문이다.
    - 이집트 격언

지혜로운 사람은 위험한 순간에 아무런 말도 하지 않는다.
    - J. 셀든

완고한 사람은 의견을 고집하는 것이 아니라 의견이 그를 사로잡고 놓아주지 않는 것이다.   - 포프

총에 맞은 상처는 치료할 수 있지만 말로 얻어맞은 상처는 치료가 어렵다.   - 페르시아 속담

가장 좋은 말이란 가장 조심스럽게 절제된 말이다. 또한 가장 조심스럽게 다루어진 말일 뿐이다. - **아라비아 격언**

아부하며 찬사를 보내는 사람은 돈이 들지 않지만 대다수의 사람은 아부와 찬사에 대하여 대금을 지불한다. - **T. 플러**

타인에게 고통을 가져다주는 농담은 이미 농담이 아니다.
- **세르반테스**

변명은 보호받기 위한 거짓말이다.   - 스위프트

그 어떤 사람의 말에도 귀를 기울여라. 그러나 네 의견을 말하는 것은 삼가라. 즉 타인의 의견은 주의 깊게 들어주되 시비 판단은 삼가라는 말이다.   - 셰익스피어

부자의 농담은 언제나 성공적이다.   - 스미스

마음에 없는 이야기를 하기보다는 말을 하지 않는 것이 오히려 사교성에 도움을 준다.   - 지눌

웅변가들은 공명심에 사로잡히기 쉽다. 왜냐하면 웅변은 그들 자신에게도 또한 타인들에게도 예지로 보이니까.   - 홉스

웅변은 예지의 어린아이이다.   - 디즈레일리

말이 많은 사람의 말 중에는 어리석은 말도 많이 섞여 있다.

        - 코르네유

허영심은 말을 많이 하게 만들고, 자존심은 침묵하게 한다.
- **쇼펜하우어**

실수에 대해 변명하면 그 실수를 한층 더 도드라지게 할 뿐이다.
- **셰익스피어**

어떠한 충언을 하건 말이 길어서는 안 된다. - **호라티우스**

친구와 교제하면서 자신의 이야기를 하는 편이 혼자서 자기 자신의 정신을 연구하는 것보다 더 많은 것을 정신에서 끄집어낼 수 있다.
- **몽테뉴**

침묵은 재치 있는 임기응변이다. - **체스터턴**

말이 많고 생각이 많을수록 점점 더 어긋나고, 침묵을 지키고 생각을 쉬면 어느 곳 어느 때나 문제가 없다. - **청담조사**

모든 것을 정지시키는 침묵 속에서 행복은 꽃핀다. - **브하그완**

도를 알기는 쉬워도 침묵을 지키기는 어렵다. 알고서 말하지 않는 것은 자연의 경지에 들어선 까닭이요, 안다고 하여 말하는 것은 범인의 일이다.　　　　　　　　　　　　　　- 장자

사람은 무슨 말이든 하지 않고는 견딜 수 없는 그런 때가 있다.
　　　　　　　　　　　　　　　　　　　　　- 대망경세어록

침묵은 사람에게 가장 안전한 처세술이다.　　　- 라 로슈푸코

필요 이상으로 말을 하지 말라.　　　　　　　- R. B. 세리틴

사람의 마음속에 있는 덕성은 보석과 같다. 왜냐하면 사람의 덕성은 무슨 일이 생기든지 천연의 아름다움을 보존하기 때문이다.　　　　　　　　　　　　　　　　　　- 오비디우스

인간의 마음속에는 언제나 선과 악이 대립된 형태로 갈등한다. 이때 현자의 선은 악보다 강하고 우자의 선은 악보다 약하다. 여기에서 사람의 차이가 나타난다.　　　　　　　- 브하그왐

선의 열매가 익기 전에는 선한 사람도 화를 만난다. 선의 열매가 익었을 때에는 선한 사람이 복을 받는다.   **- 법구경**

덕을 이루지 못하고 배움을 다하지 못하며, 의로움을 듣고도 행하지 못하고, 선하지 못함을 고치지 못하니, 곧 이것들이 우리들의 걱정거리이다.   **- 논어**

덕은 기쁨을 주는 가장 가치가 높은 재산이다.   **- 플루타르쿠스**

고난의 미덕을 가르치는 성직자의 말에 귀를 기울이지 마라. 왜냐하면 즐거움이야말로 선이기 때문이다.   **- 아나톨 프랑스**

다른 사람이 알지 못하게 행한 선행이 가장 영예롭다.   **- 파스칼**

힘은 정의다. 사회는 성장과 자기 보존의 법칙을 가진 유기체로서 한편에 서고 개인은 그 반대편에 선다. 사회에 이익이 되는 행동을 사회는 미덕이라 일컫고, 이익이 되지 않는 행동을 악덕이라 일컫는다. 선과 악이란 그 이상의 의미는 없다.
    - 페스탈로치

'이 사람은 악인이고 저 사람은 선인이다' 하고 말할 때에는 반드시 그 밑에 편견이 숨어 있다. 악인의 경우 결국 자기편에서 유리하게 말할 것이기 때문이다.   **- 대망경세어록**

선량하고 총명한 사람은 자기보다 타인을 더 훌륭하고 똑똑하다고 생각하고 있기 때문에 다른 사람과 구별되는 것이다.
- 톨스토이

어진 사람은 어려움을 먼저 처리하고 이익은 나중에 처리한다
- 공자

선한 마음을 가지지 않는 악인이 없고, 악한 마음을 가지지 않는 선인도 없다.   **- 에디슨**

사랑하는 사이에서도 그 사람의 악한 면을 알아야 하고, 미워하는 사이에서도 그 사람의 선한 면을 알아야 한다.   - **예기**

성스러운 사람은 언제나 덕을 쌓기 위해 마음을 괴롭히고, 행동하는 데는 냉정하다. 즉 성스러운 사람은 행동하기에 앞서 덕을 쌓는 데 힘쓴다.   - **노자**

모든 일에 너그러우면 그 복이 저절로 두터워진다.   - **명심보감**

선은 하나밖에 없다. 그것은 자기 자신의 양심에 따라 행동하는 일이다.   - **보부아르**

자기 부모를 공경할 줄 모르는 사람과는 절대로 우정을 나누지 말아야 한다. 그러한 사람은 인간의 첫 걸음에서 벗어났기 때문이다. 뿐만 아니라 이 세상에서 가장 고귀한 존엄과 사랑을 모르는 사람이 타인을 소중히 생각할 리가 없기 때문이다.
    - **소크라테스**

신은 마음이 약한 사람들로 하여금 튼튼하고 쇠기둥과 같은 굳센 힘을 갖게 하였다. 그 힘이 바로 선이다.   - **실러**

덕이 있는 사람은 그 마음을 어디에 드러내도 부끄럽지 아니하다. 또한 그 마음은 좁지 아니하고 드넓고 크고 너그러우며 평화로워 온몸이 윤택하다. - **대학**

인간은 모두 평등하게 태어나지만 오로지 덕망에 의하여 차별되어진다. - **라틴 격언**

덕이 높은 사람은 외롭지 않다. 반드시 그를 따르는 이웃이 있기 때문이다. - **공자**

덕이 없는 사람은 다른 사람의 덕을 시기한다. - **베이컨**

모든 미덕을 실행하는 자의 저변에 숨은 것은 쾌락이다. 인간이 어떤 행동을 하는 것은 그 행동이 자신에게 이득이 되기 때문이다. 어떤 행위가 타인에게도 이득이 되는 경우에 그것은 미덕이라고 할 수 있다. 베푸는 것이 기쁘면 자비심이 생겨나고 사회를 위해서 봉사하는 것이 기쁘면 공공심이 넘치게 된다. - **S. 몸**

좋은 친구와의 충분한 논의는 덕행의 진정한 원동력이 된다.
- **월턴**

운명의 여신은 누군가 존경할 만한 인물로 만들고 싶으면 그에게 덕을 주고, 존경받게 만들고 싶으면 그에게 성공을 준다.
- 주베르

덕행은 세상의 어떤 지식보다 얻기가 어렵다. 그리고 젊은 사람이 이것을 잃게 되면 좀처럼 회복하기 어렵다.
- 장자

후회의 씨앗은 젊었을 땐 즐거움으로 뿌리지만 늙었을 땐 눈물로 거두어들이게 된다.
- 콜턴

잘못을 저지르고도 그것을 고치지 않는 것, 그것을 진정 잘못이라 부른다.
- 공자

깊은 물일수록 고요하게 흐른다.
- J. 릴리

큰 바람은 높은 산에서 분다.
- T. 풀러

우리들이 작은 예의를 지킨다면 인생은 훨씬 더 견디기 쉬울 것이다.
- 채플린

자신의 결점을 고치려 하는 사람에게는 타인의 결점을 보고 있을 틈이 없다. 그 사람의 입장에서 보지 않는 한 타인의 입장에 대해서 판단하지 말라. - **동양 격언**

깊은 물은 소리 없이 흐르고, 출랑거리는 시냇물은 스스로 얕음을 드러낸다. - **R. 헤릭**

혼돈의 와중에서 가만히 그것을 견디고 겸허하게 기다릴 수 있는 사람은 미덕이 있는 자다. - **헤세**

선한 사람은 덕을 존중하기 때문에 악을 미워한다. - **호라티우스**

사악한 생각을 품은 자에게는 악이 떨어진다. - **토르지아노**

시냇물이 바다에서 보이지 않는 것처럼 덕성도 사리사욕을 품고 있으면 보이지 않는다. - **라 로슈푸코**

고결한 마음을 가진 사람은 후회와 가까이 지낸다. - **호메로스**

예지란 미래를 위해 무엇을 해야 할지를 아는 것이며, 미덕은 그것을 실천하는 것이다. - **조르단**

선한 행동이란 악한 행동을 하지 않으려고 조심하는 것이 아니라, 악한 행동을 하는 마음을 없애는 것이다. - **버나드 쇼**

덕망 있는 사람이 사람을 다룰 줄 안다. 높은 대우를 받고 싶다면 말을 할 때에 겸손해야 한다. 또한 아랫사람을 이끌기 위해서는 앞에서 모범을 보여주는 것이 아니라 뒤에서 해야 한다. 덕망 있는 사람은 보통사람들을 훨씬 앞서 있어도 사람들은 그리 거북하게 생각하지 않는다. 따라서 덕망이 있는 사람은 누구와도 다투지 않는다. - **노자**

선은 초조해하지 않는다. 구김살이 없다. 움츠러들지 않는다. 그리고 유유하다. 명랑하다. 자유롭다. - **법구경**

감사하는 마음은 최대의 미덕일 뿐만 아니라 모든 다른 미덕의 어버이다. - **키케로**

회복될 수 없는 것에 대해서 눈물 흘리지 말라. - **아이소포스**

반성할 일은 처음부터 시작하지 않도록 주의하라.
- 푸블릴리우스 시루스

선행이란 다른 사람에게 베푸는 것이 아니라 자신의 의무를 다하는 것이다. - 칸트

선량한 사람 가운데 벼락부자가 된 사람은 없다.
- 푸블릴리우스 시루스

선한 일을 하는 사람에게는 하늘이 복을 주고, 악한 일을 하는 사람에게는 하늘이 재앙을 내려주느니라. - 공자

어려움에 처할수록 곧은 마음을 가져야 한다. 최악의 상태는 언제나 인간을 신의 곁으로 인도하는 강한 힘을 가지고 있다. 그 힘의 인도를 받는 길은 오직 곧은 마음뿐이다.   **- 실러**

잘못을 저지르고도 반성할 줄 모르는 사람은 하등한 사람이요, 반성하면서도 고칠 줄 모르는 사람 역시 하등한 사람이다. **- 소학**

선행은 진공에서 이루어지지 않으며 타인과의 관계에서 사랑이 수반되어야 진가를 발휘한다.   **- S. 벨로**

시기와 질투는 항상 타인을 쏘려다가 자신을 쏜다.   **- 맹자**

선한 사람은 인생을 배로 연장할 수 있다. 추억 속에서 지난날을 즐겁게 회상할 수 있다는 것은 두 배로 사는 것이기 때문이다.   **- 마르티알리스**

대장부는 선을 분명히 알기 때문에 대의와 절개를 태산보다 무겁게 생각하고, 마음씀이 엄밀하기 때문에 죽고 사는 것을 홍모(鴻毛)보다 가볍게 여긴다.   **- 경행록**

합당한 명분 앞에서는 약자가 강자를 굴복시킨다. - 소포클레스

어린이들의 공경심은 모든 선행의 근본이다. - 키케로

윗자리에 있어도 교만하지 않으면 지위가 높아져도 위태롭지 아니하며, 도리어 타인의 존경을 받게 된다. - 소학

자신의 위치를 정확히 알고, 올바로 즐기는 방법을 아는 사람이야말로 신의 경지에 오를 수 있다. - 몽테뉴

선행을 기억하는 가장 좋은 방법은 또다른 선행으로 선행을 새롭게 하는 것이다. - 카토

악한 일을 하면 화가 마르지 아니하고 복은 스스로 멀어진다. 선한 일을 하는 사람은 봄동산의 풀과 같아서 그 자라나는 것이 보이지 않으나 날로 더하는 바가 있고, 악을 행하는 사람은 칼을 가는 숫돌과 같아서 갈리어서 닳아 없어지는 것이 보이지 않아도 날로 이지러지는 것과 같다. - 명심보감

한 가지 선한 행동은 또 다른 선행을 낳는다.　　　- J. 헤이우드

악한 일을 하여 하늘에 죄를 얻으면 빌 곳이 없다.　　　- 공자

사람은 언제나 무엇을 하기 위한 그 무엇이 되어야 한다. - 괴테

도를 잃은 후에 덕이 생기고, 덕을 잃은 후에 인이 생기고, 인을 잃은 후에 의가 생기고, 의를 잃은 후에 예가 생기고, 예는 어지러움의 시작이다.　　　- 노자

착한 사람에게는 사후에도 결코 악한 일이 나타나지는 않는다.
　　　- 소크라테스

도덕에 대한 복종은 노예적 허영이며, 이기적 체념이다. 그리고 음울한 공기이며, 사상을 버리는 것이며, 절망적인 행위이다.
　　　- 니체

타인의 지난날의 행동과 말을 가지고 그의 일평생을 꺾어서 단정하기는 어려운 일이다.　　　- 명심보감

지나치게 착한 것은 오히려 악한 것만 못하다.   - 공자

부모나 형제가 변을 당하면 마땅히 침착하게 행동해야 하고, 친구의 잘못을 보면 마땅히 충고함에 있어서 주저하지 말아야 한다.   - 홍자성

도덕이 인간을 위해 있는 것이지, 인간이 도덕을 위해 존재하는 것은 아니다.   - 에픽테토스

우리가 깨끗한 마음을 가지고 행동할 때, 더 이상 신의 명령같이 부드럽고 의로우며 자비로운 것은 이 세상에 없을 것이다.
     - 법구경

널리 들어 기억하고 도를 사랑한다면 도는 필시 얻기 어려울 것이다. 그러나 뜻을 지켜 도를 받들면 그 도는 반드시 클 것이다.
     - 법구경

나 자신을 좋게 말해주는 사람은 나의 적이요, 좋지 못한 것을 말해주는 사람은 나의 스승이다.   - **명심보감**

우리의 삶을 가장 인간답게 만드는 것

왕은 왕답게, 신하는 신하답게, 아버지는 아버지답게, 아들은 아들답게 행동하도록 하라.　　　　　　　　　　　　- 공자

내일을 위해서 오늘 분수를 지키는 것이 지혜로운 사람의 도리이다. 작은 바구니에 달걀을 전부 담으려는 모험을 하지 말라.
　　　　　　　　　　　　　　　　　　　　　　　　- 세르반테스

엎질러진 우유를 보고 울지 않는 법이다. 지나간 것은 다시 부를 수 없다.　　　　　　　　　　　　　　　　　　- 에른턴

양심의 가책은 무력하다. 그것은 다시 잘못을 저지를 수 있다. 오직 회개만이 강력한 힘을 발휘한다. 그것은 모든 잘못을 끝낼 수 있다.　　　　　　　　　　　　　　　　　　　- 뮐러

당신의 얼굴은 짓밟히더라도 당신의 마음만은 무엇에도 짓밟히지 말아야 한다. 당신의 눈을 어디까지나 안으로 떠라. 당신이 찾는 것은 당신의 마음속에 있다. 당신이 지금까지 발견하지 못한 새로운 것이 거기에 있을 것이다. 당신 마음속에서 얻은 것이 진정 그대의 소유물이다.　　　　　　　　- 도굴

어진 사람은 자기 자신에 대해서 엄격하더라도 타인에게 무엇 하나 요구하는 법이 없다. 어진 사람은 스스로의 상태에 만족하는 법이다. 그리고 결코 자기 운명을 탓하며 하늘을 원망하거나 타인을 비난하는 일이 없다. - **공자**

반성은 나무와 같다. 싱싱할 때 심지 않으면 뿌리를 내리지 못한다. - **생트 뵈브**

9

인간 내면의 다양한 색채들!

희로애락(喜怒哀樂)

이미 즐거움을 취했거든 예측할 수 없는 근심에 대비하라.

- **명심보감**

쾌락은 타인과 함께 나눌 때 더 큰 기쁨이 된다. 그러나 그것을 홀로 맛본다는 것은 무서운 일이다.   - D. **크리소스톰**

자기 자신을 만족시킬 수 있는 일을 하지 못하는 사람은 자신이 할 수 있는 일로써 만족할 수밖에 없다. 그러므로 대부분의 사람들이 타인을 만족시킨다는 것은 일생을 통해서 몇 번이나 될지 의문이다.   - **가리이니**

삶의 즐거움은 자기보다 어려운 사람들과 함께 어울려 사는 것이다.
- 대커리

쾌락은 타인의 고통을 대가로 했을 때에 가장 감미롭다.
- 오비디우스

쾌락을 주는 사람은 고난에서 구원해주는 사람만큼이나 자비롭다.
- G. 무어

향락은 삶의 목표가 아니라 전진적 활동에 수반되는 감정이다.
- P. 굿맨

쾌락에 대항하는 사람은 현자이고 쾌락의 노예가 되는 사람은 어리석은 자이다.
- 에픽테토스

쾌락은 우리에게 어쩌다 찾아오는 방문객이지만, 고통은 잔인하게 우리에게 매달린다.
- J. 키즈

술은 인격을 반사하는 거울이다.
- 아르케시우스

기쁨의 하루는 슬픔의 이틀보다 훨씬 낫다.   - **서양 격언**

즐거움이란 부귀에 있는 것이 아니다. 그것은 덕과 온화함에 있다.   - **회남자**

꿈은 만족하지 못한 곳에서 생긴다. 만족하는 사람은 꿈을 꾸지 않는다. 결국 꿈은 답답한 곳이든가 병원 같은 곳이 아니면 불편한 잠자리에서 꾸게 마련이다.   - **몽테를랑**

이미 과거의 것이 된 트러블을 다시 생각한다는 것은 얼마나 유쾌한 일인가? - 에우리피데스

나는 미각의 쾌락, 성의 쾌락, 소리의 쾌락 및 아름다운 모양의 쾌락을 뒤로 하고 선인(善人)들을 생각할 수 없다. - 디오게네스

사치는 유혹적인 쾌락이요, 비정상적인 환락이다. 그의 입에서는 꿀이, 마음에는 쓸개즙이, 꼬리에는 바늘가시가 있다.
- F. 퀼스

쾌락에 열중함으로써 자기 자신을 벌하지 말라. 또 식도락으로 자신의 미각을 포만하게 하지 말라. - 브라운 경

피부는 주름져 있지만 우리들의 마음은 젊다. 인생은 우리들이 생각한 것보다 훨씬 즐거울 수 있다. - A. 랭

사람은 마음이 유쾌하면 종일 걸어도 싫증이 나지 않지만, 걱정이 있으면 불과 10리 길이라도 싫증이 난다. 인생의 행로도 이와 마찬가지로, 항상 밝고 유쾌한 마음을 가지고 걷지 않으면 안 된다. - 셰익스피어

즐거움은 저절로 오는 것이 아니라 재앙을 염려했기 때문에 그것이 배가될 수 있는 것이다. - 강태공

먼 장래의 선(善)의 결과에 대한 실감나지 않는 기대보다는 현재의 즐거움이 육체에는 더 간절하다. - 드라이든

할 수 있는 한 인생의 봄철을 즐겁게 지내라. 세월은 흐르는 물처럼 순식간에 지나가기 때문이다. - 오비디우스

만족은 철학자의 돌이며, 그것이 닿는 모든 것을 금으로 바꿔놓는다. - T. 풀러

결코 스스로 만족을 구하지 말라. 그러나 언제나 만족을 발견하려는 마음의 자세를 갖고 있는 것이 좋다. 손발은 여의치 않더라도 당신의 마음은 자유스러울 것이다. - 러스킨

현재의 견해가 이해를 기초로 하고 있으며, 현재의 행동이 사회적인 복지를 위한 것이고, 현재의 마음이 모든 사물에 대해서 만족하고 있으면 그것으로 충분하다. - 아우렐리우스

네가 가는 길의 마지막에는 만족이 있다. 그러나 처음부터 만족하는 사람은 멀리 가지 못한다. - 류가르

자신이 가진 것에 만족을 느끼지 못하는 사람은, 자기가 원하던 것을 얻게 되어도 역시 만족하지 못한다. - 에우에르바흐

기쁨은 초라한 지붕 아래서 산다. 천국은 대지주의 저택이 아니라 교외의 괴상하고 조그만 거리에 있다. - 몰리

지난날의 행복은 다시 돌아오지 않는다. 소년의 슬픔은 젊은이의 열망만큼 안타깝지 않다. - W. 오언

많은 사람들이 현재의 안정을 잃게 될까봐 매우 걱정한다. 그러나 자기 만족을 잃게 된 이유를 진정으로 아는 사람은 슬퍼하지 않을 것이다. 왜냐하면 만족이란 항상 있는 것이 아니기 때문이다. - 드라이든

슬픈 마음이여, 평정을 찾으라. 그리고 탄식을 멈추어라. 구름 뒤에는 늘 태양이 빛나고 있다. - 롱펠로

방탕의 어머니는 즐거움이 아니라 권태로움이다. - 니체

당신이 만족한다면 인생을 충분히 즐길 수 있다. - 플라우투스

대부분의 사람들은 자기 만족에 너무 집착한 나머지 만족을 잃으면 비탄에 빠지게 된다. 그러나 진정한 기쁨을 아는 사람은 그 기쁨의 원인이 사라지더라도 한탄하지 않는다. - 파스칼

질투하는 사람은 다른 사람에 비해서 이중으로 나쁘다. 그는 자기 자신의 불운에 대해 화를 낼 뿐 아니라, 타인의 행복에 대해서도 감정이 상한다. - 히피아스

자기가 가진 것을 충분하고 적당한 부(富)라고 생각하지 않는 사람은 비록 모든 것의 주인이 되더라도 불행하다. - 에피쿠로스

인간은 태어나면서부터 허영심이 강하고, 타인의 성공을 질투하기 쉬우며, 자기 자신의 이익 추구에 대해서는 무한정한 탐욕을 가지고 있다. - 마키아벨리

타인이 잘못했다는 것을 증명하지 못하는 한, 자신이 옳다는 것을 인정하지 못한다. - W. 헤즐릿

많은 것을 바라는 사람은 항상 불만이 많다. 신이 주는 적은 재물로도 충분히 만족하는 사람은 행복하다. - **하라티우스**

고귀한 인물은 결코 자신의 운명을 탓하지 않는다. - **쇼펜하우어**

우리는 우리의 가장 아름다운 행동도 부끄럽게 생각해야 한다. 그것을 낳은 동기가 타인에게 보여진다는 생각을 하면.

- 라 로슈푸코

잔혹함은 고대의 악덕이고, 허영은 근대의 악덕이자 최후의 병이다. - G. **무어**

만족할 줄 알면 즐거울 것이요, 탐하기를 애쓰면 근심이 끊이지 않으리라. - **경행록**

슬픔, 그것처럼 우리에게 빨리 다가오는 것도 없다. - **베일리**

자신의 슬픔을 털어놓는 사람은 슬픔을 치료하는 약도 곧잘 찾아낸다.
- 스펜서

비탄 속에 빠져 있는 사람들은 타인도 자신과 똑같이 느끼고 있다고는 결코 생각하지 못한다.
- 새뮤얼 존슨

어떤 행복도, 말할 수 없이 숭고한 기쁨도 종국에는 스러지고 만다.
- 괴테

냉소하는 사람이란 그의 시력이 불완전해서 사물의 표면만 보는 질 나쁜 인간이다.
- 비어스

감정에 이끌려서 여러 가지 얼굴 표정을 짓는 것은 천박한 일이다. 그리고 자기 자신을 통제하지 못한다는 것은 실로 부끄러운 일이다.
- 아우렐리우스

자만심이 큰 자는 운명을 발로 차고, 죽음을 비웃으며, 덮어놓고 야망을 좇고, 지혜도 두려움도 덕도 잊어버린다. 강한 자만심은 인간 최대의 적이다.
- 셰익스피어

달콤한 눈물! 그것은 무서운 언어요, 무한한 사랑의 웅변이며, 말로 표현하기에는 너무 벅차다.   - 폴록

눈물은 아무리 막으려 해도 흘러나온다. 또한 흘러내림으로써 영혼을 정화시킨다.   - 세네카

슬픔이 솟구칠 때, 그것을 참는다는 것은 매우 어렵다. 그러나 그것을 간직하기도 또한 어렵다.   - D. 반스

웃어보라, 그러면 세상이 당신과 더불어 웃을 것이다. 울어보라, 그러면 당신 혼자 울 것이다.   - 윌콕스

지속적인 슬픔은 위험하다. 이것은 용기를 빼앗아갈 뿐만 아니라, 회복하려는 의지마저 잃게 하기 때문이다.   - **아미엘**

약간의 슬픔은 깊은 사랑의 증거가 되지만, 지나친 슬픔은 지혜가 부족하다는 증거이다.   - **셰익스피어**

어떻게 웃어야 하는지 모르는 사람은 언제나 거만하고 자만심이 강하다.   - **대커리**

어떠한 경우를 막론하고 지나치게 애도하는 것은 죄악이다.
    - **테니슨**

눈물이 많은 것은 타인에게 보이기 위해서이다. 보는 사람이 없으면 눈물은 이내 말라버린다.   - **세네카**

분노가 치밀어올랐을 때, 자신이 한 일이 기억에 없다고 하는데 그것은 새빨간 거짓말이다. 엉터리이다. 나는 명확한 의식으로 일관한다. 잠시도 스스로를 잊지 않는다. 내가 분노의 불길을 강하게 부채질하면 할수록 나의 의식은 점점 더 맑아진다.
    - **톨스토이**

사람들은 일반적으로 자신이 슬플 때는 아무것도 하지 않는다. 그들은 자신의 처지를 한탄한다. 그러나 그들이 화가 나면 변화를 가져온다.   **- 말콤 엑스**

내게 남아 있는 유일하게 좋은 기억은, 나도 가끔 울었다는 것이다.   **- 뮈세**

슬픔만큼 빨리 불쾌감을 가져다주는 것은 없다. 초기의 슬픔은 위로해주는 사람이 있지만, 슬픔이 만성화하면 조소를 받는데, 이는 당연한 일이다.   **- 세네카**

지나치게 많이 웃는 사람은 바보의 기질이 있고, 도무지 웃지 않는 사람은 늙은 고양이의 기질이 있다.   **- T.풀러**

밝은 빛이 성촉대(聖燭臺)에 있는 것과 마찬가지로 아름다운 얼굴은 성숙한 연령에 있다.   **- 경외경**

웃음과 눈물은 똑같은 감각의 수레바퀴를 돌리는 것을 뜻한다. 전자는 바람의 힘이고, 후자는 물의 힘이다. 그뿐이다.   **- 홈스**

환락이 극에 달하면 그만큼 슬픔도 크다. 또 작은 일에서는 슬픔과 기쁨이 금방 위치를 바꾼다. - **셰익스피어**

이미 끝난 일이다. 어쩔 도리가 없다. 이것이 하나의 위로다. 터키인이 잘못하여 남의 목을 쳤을 때 하는 말처럼! - **디킨스**

당신이 기뻐서 껑충껑충 뛸 때, 당신의 발밑에서 땅을 움직이는 사람이 없는지 주의하라. - **S. 레크**

기쁨의 추억은 이미 기쁨이 아니지만 슬픔의 추억은 여전히 슬픔이다. - **바이런**

역경 속에서 행복했던 시절을 기억해내는 것보다 더 큰 슬픔은 없다. - **단테**

기쁨을 그 자신에게만 묶어두는 사람은 날개 달린 인생을 파괴하는 사람이다. 그러나 기쁨이 날아갈 때 그것에 키스하는 사람은 영원한 해돋이 속에서 산다. - **블레이크**

기쁨은 삶의 요소이고, 욕구이고, 힘이고, 가치이다. 사람은 누구나 기쁨의 욕구를 가지고 기쁨을 요구할 권리를 가지고 있다.
- 케플러

비관론자란 어떤 사람들인가? 모든 사람이 자기와 같이 기분이 나쁠 것으로 여기며, 그 때문에 그들을 미워하는 사람들이다.
- 버나드 쇼

슬픔은 불행한 인간의 특권이다. 우리에게 눈물을 준 신들은 눈물을 흘리는 더 많은 원인을 주었다. - 화이트 헤드

슬픔을 통해서 아무것도 깨닫지 못했다면 슬퍼한다는 것은 쓸데없는 일이다.
- 세네카

너를 조금 사랑하는 사람에게 미소를 주고, 나에게는 눈물을 남겨다오.
- 토머스 모어

허영심이 많은 사람은 대부분 자존심이 강하고, 실제 자신이 모든 사람들에게 귀찮은 존재임에도 불구하고 사람들에게 즐거움을 준다고 착각하기 쉽다.
- 스피노자

아름다운 장미는 가시 속에서 핀다. 슬픔의 배후에는 반드시 기쁨이 있다.   **- 윌리엄 스네스**

우리들이 고난을 당해 괴로워하고 있을 때 우리들에게 분별없이 귀찮게 달려드는 위로는 우리들의 괴로움을 배가할 뿐만 아니라, 우리들의 슬픔을 한층 더 깊게 할 뿐이다.   **- 루소**

슬픔에서 해방된 삶을 살고 싶으면 앞으로 일어나려고 하는 일을 이미 일어난 일처럼 생각하라.   **- 에픽테토스**

희망은 언제나 우리에게 말한다. '전진하라, 전진하라'고. 그리하여 우리는 무덤으로 들어간다.   **- 망트농 부인**

자존심이 강한 사람은 어떤 상황에서도 만족감을 얻기가 어렵다. 그는 타인에게 지나치게 큰 것을 기대하기 때문이다.
                                                                    - R. 백스터

나는 친구에게 화가 났다. 나의 분노를 이야기했다. 나의 분노는 말끔히 씻겨졌다. 나는 적에게 화가 났다. 아무 말도 하지 않았다. 나의 분노는 더욱 폭발했다.   **- W. 블레이크**

슬픔은 강한 성격을 가진 사람들에게 마음의 동요를 가르쳐준다. - **소포클레스**

우리들은 어찌하여 슬픔을 미리 근심해야 하는가? 그것은 마치 죽음이 두려워서 죽는 사람과 같다. - **레닙 경**

사람은 자기가 느끼고 있지 않은 슬픔에 대해선 충고하고 위로할 수 있다. - **셰익스피어**

희로애락의 격렬함은 그 감정과 함께 행동력까지도 형편없게 만든다. 변덕스러운 감정은 버릇이다. 슬픔이 금세 기쁨으로, 기쁨이 금세 슬픔으로 바뀐다. - **셰익스피어**

해방되었다는 승리의 감정에는 너무나 강한 슬픔이 혼재되어 있다. 나는 내가 해방된 감옥을 항상 깊이 사랑하고 있었기 때문이다. - **프로이트**

분노는 영혼의 원동력 가운데 하나이다. 그래서 분노가 없는 사람의 마음은 불구이다. - **T. 플러**

한 번 분노할 때마다 1년씩 늙어가고, 한 번 웃을 때마다 1년씩 젊어진다. 이것은 신이 인간에게 내려준 최고의 선물이면서 동시에 최악의 형벌이다. - 스피노자

노여움은 한때의 광기이다. 당신이 노여움을 누르지 않으면 노여움이 당신을 누를 것이다. - 호라티우스

고독감은 사람과 사람 사이를 분리시키는 공간에 있는 것이 아니라 자기와 자기 생명이 발생하는 곳과의 공간, 이를테면 우리 자신이 형성되는 것과 힘과의 분리 사이에 있다. - 법구경

우울증은 당신이 생각하는 것처럼 육체적 불쾌감이 아니라, 마음의 병이다. - J. 포드

인간이 가지는 슬픔 중에서 가장 견디기 어려운 것은 자기만이 겪는 슬픔이다. - 후드

타인에게 동조하여 슬피 울지 말라. 그리고 걱정을 일으키지 말라. - 아우렐리우스

부질없고 희망 없는 슬픔 속에
는 지혜가 없다. - 새뮤얼 존슨

많은 사람이 역경은 견뎌
낼 수 있지만, 모욕을 견딜
수 있는 사람은 흔치 않다.
　　　　　　　- T. 풀러

이 세상의 기쁨은 완벽하지 않다. 기쁨 속에는 고통의 맛이 섞여 있고, 달콤한 벌꿀에는 쓴 즙이 첨가되어 만들어진다.
　　　　　　　　　　　　　　　　　　　- 롤렌하겐

분노는 위대한 정신의 소유자가 자신의 고결한 욕망의 성취를 방해받아 마음이 움직일 때 힘을 발휘한다.　　- P. 아레티노

견딜 수 없는 고독의 난관에 부딪혔을 때 가장 좋은 처방은 '최선'이다. 지옥은 자기 자신만의 상념과 업보에 의하여 스스로 찾아가는 곳일 뿐이다. 살을 베고 뼈를 깎는 고통과 결단이 아니고서는 그 어떤 악에서도 벗어나기 어렵다.　　- 작가미상

분노를 억제하지 못하는 것은 절제와 수양이 부족한 탓이다.
하지만 언제나 그렇지는 않다. **- 플루타르코스**

나는 혼자 있는 것을 점점 더 좋아하게 되었다. 나는 고독을 더 사랑하게 되었다. 나는 밤늦게 혼자서 이 자연 속에 용해되어 버리는 것이 점점 더 좋아지게 되었다. **- 마이욜**

자존심은 인간이 입을 수 있는 가장 고상한 의상이며, 마음을 북돋아줄 수 있는 가장 의기양양한 감정이다. **- 스마일스**

심하게 화가 날 때에는 인생이 얼마나 덧없는가를 생각해보라.
- 아우렐리우스

자만심은 사람을 우쭐하게 할지는 몰라도 그 우쭐함을 뒷받침해주지는 않는다. **- 러스킨**

타인의 허영심을 우리들이 참고 견디지 못하는 것은, 그것이 우리들의 허영심을 손상시키기 때문이다. **- 라 로슈푸코**

얼굴을 붉히는 사람은 이미 죄인이다. 그러나 진정 부끄러울 것이 없는 사람은 어떤 것에도 당당하다.   - **루소**

분노의 물결을 막으려고 노력하지 않는 사람은 고삐 없는 야생마를 타는 것과 같다.   - **C. 시버**

나는 타인과 만날 때면 늘 곤혹스럽다. 왜냐하면 그들이 공감하는 것을 견뎌야 하기 때문이다. 따라서 나의 인간성은 끊임없는 자기 극복의 결과이며, 이때 내게 절대적으로 필요한 것은 고독이다.   - **니체**

우리들이 사람의 마음속에서 찾을 수 있는 가장 최초의, 그리고 가장 단순한 감정은 호기심이다.   - **버크**

분노는 모든 사람에게 무기를 공급한다. 화가 난 사람이 피에 굶주리면 모든 물건이 흉기로 이용된다.   - **클라우디아누스**

분노로부터 자기 자신을 누르기 위해서는 타인이 화를 낼 때 조용히 이를 관찰하라.   - **세네카**

자만, 시기, 헛된 욕심… 이러한 것들은 모두 인간의 마음에 불 붙여놓은 불꽃이다.   **- 단테**

허영은 그의 아들들에게는 너그럽고 용감하기를, 그의 딸들에게는 정숙하고 예절바르기를 명령한다.   **- L. 스턴**

당신이 먼저 고독과 친해지십시오. 그러면 고독은 당신의 마음을 보여줄 것입니다. 그리고 당신은 그 마음을 사랑하십시오. 당신의 마음은 모든 비밀을 숨김없이 보여줄 것입니다. 진실로 사랑하는 자에게만 모든 것은 그 진실을 보여주는 법입니다.
    - 법구경

자만심은 자기 자신을 지나치게 높게 생각하는 데서 생기는 쾌락이다.   **- 스피노자**

오늘 일어나는 일은 무엇이든 간에 참고 견뎌라. 이것이 내일을 찬미케 하는 유일한 방법이다.   **- 갤리엔**

용서하는 것이 신(神)다운 일인 것처럼, 어려움을 이겨내는 것은 사람다운 일이다.   **- J. 포드**

인내는 목적을 이루지만, 서두름은 패망으로 달려간다.   - 사드

분노와 어리석은 행동은 나란히 걷고, 후회가 그 양자의 발꿈치를 밟는다.   **- 프랭클린**

남자는 부끄러워하는 것이 많으면 많을수록 더욱더 존경스러워진다.   **- 버나드 쇼**

성취하고 난 후 과거에 자신이 참아냈던 것을 모두 기억하고 있는 사람에게는, 오랜 세월이 지나가면 슬픔까지도 기쁨이 된다.
  - 호메로스

거지의 미덕은 참을성이다.   **- 마싱거**

인내는 인간이 희망을 갖기 위한 하나의 기술이다. **- 보브나르그**

인내와 노력, 이 두 가지만 있으면 이 세상에서 못 해낼 일이 없다. 인내야말로 기쁨에 다다르는 문이다.   **- 야나콥스**

인내함으로써 성사되는 일을 본 적은 있지만, 화를 냄으로써 일이 이루어진 것을 본 적은 일찍이 없다.   - **장자**

괴로워도 살아야 하고 싸워야 한다. 괴로움이든 싸움이든 용감하게 인내함으로써 하나의 인간이 되는 것이다.   - **로맹 롤랑**

신념의 근본은 인내이다.   - **맥도널드**

늘 아름다운 말을 귀담아 들어보라. 모든 행실의 근본은 인내하는 것 외에 으뜸가는 게 없다.   - **공자**

참고 버텨라. 그 고통은 조금씩 조금씩 너에게 좋은 것을 가져다줄 것이다.   - **오비디우스**

참을성 있는 사람은 그 자신이 원하는 것을 이룰 수 있다.
    - **프랭클린**

당신 마음의 작은 뜰에 인내를 심어라. 뿌리는 쓰지만 그 열매는 달다.   - **오스틴**

인내야말로 기쁨에 다다르는 문이다. - 야나콥스

한때의 분한 감정은 반드시 참아야 한다. 한때의 감정을 억제하지 못하는 사람은 백일의 근심을 모면하기가 어렵기 때문이다.
- 경행록

인내심 강한 사람이 싸움에서 이긴다. 당신은 인내심이 강한 사람인가? - 대망경세어록

무슨 일이든 참아낼 수 있는 사람은, 어떤 일이든지 해낼 수가 있다. 인내는 사람이 가질 수 있는 최고의 미덕이기도 하다. - 루터

참을성 많은 병사 한 명이 피로에 지친 일개 대대보다 낫다.
- 나폴레옹

작은 병을 견디지 못하고, 조그마한 분노를 참지 못하는 사람은 큰일이 닥쳐왔을 때 아득하고 어지러워 갈팡질팡할 뿐이다.
- 명심보감

간사한 말은 덕을 어지럽히고, 작은 것을 참지 못하면 큰일을 이루지 못하니라. - 불경

인고(忍苦)는 위대한 것이다. 터질 듯한 가슴을 억누르고, 치밀어오르는 피를 씹을지언정 사랑하는 사람에게는 그러한 빛을 나타내지 않는 것, 세상에 이 이상 더 어려운 일이 있을까? 인고의 자루는 참으면 참을수록 그 끈은 강해지나니, 그 인내와 단련 속에서 비로소 자기가 빛을 발하기 시작한다. - **법구경**

우리 일상의 작은 문제들을 전쟁이라는 커다란 비극과 비교해 보면 우리의 조그마한 인내는 아무것도 아니라는 걸 알 수 있다. - **대망경세어록**

어떤 일에 있어서든 가장 오래 기다리는 사람이 반드시 승리한다. - **잭슨**

인내란 무거운 짐을 짊어지고 빨리 걸으면서도 말이 없는 나귀의 미덕이다. - **그랜빌**

가정생활을 하는 데 있어서 그 어떤 것보다 중요한 것은 참을성이다. - **체호프**

모든 일에 있어서 성공을 결정짓는 첫번째이자 유일한 조건은 인내이다. - **톨스토이**

인내하고 또 인내하라. 경계하고 또 경계하라. 인내하지 않고 경계하지 않으면 작은 일도 크게 벌어진다. - **명심보감**

조용히 참는 것은 위대한 정신이다. - **실러**

이 세상은 인내해야만 한다. 화를 참지 않으면 안 된다. 이것이 바로 인간 세상의 운명이다. - **대망경세어록**

참을성 있는 사람은 누구에게도 정복되지 않는다. - G. **허버트**

늘 아름다운 말을 귀담아 들어보라. 모든 행실의 근본은 인내하는 것 외에 으뜸가는 게 없다. - **공자**

인간의 영혼은 고독하다. 이 고독을 이겨내기란 쉽지 않다. 오직 종교의 선구자들이 말하는 사랑에서 오는 강렬한 감정만이 이 고독을 이겨낼 수 있다. - **러셀**

인간은 모두 각각 자기 자신이 되기 위해서 '히말라야' 산정에 홀로 서 있는 바위와 같은 고요를 맛보지 않으면 안 된다. 그러나 이 고독은 은둔의 고독이 아니다. 우리의 한복판, 원수들 속에 있으면서 투쟁하며 견디어가는 고독인 것이다. 이 고독은 잔인하지만 광영이다. 그것은 최초의 시련자에게 주어진 시련이다. 신의 축복이 머리 위에 있기 때문이다. - **법구경**

훌륭한 사람은 고독과 침묵 속에서 최강의 활동력을 찾아내며, 또한 최강의 활동력 속에서 고독과 침묵을 인식하는 사람이다.
 - **비베카난다**

끝없는 공간의 긴긴 침묵이, 나로 하여금 공포를 자아내게 한다. - **파스칼**

우리는 고독이 좋다는 것을 인정하지 않을 수 없다. 그러나 고독을 이야기할 상대가 있는 것은 더 큰 기쁨이라는 것도 인정해야 한다. - **발자크**

진정 그대가 고독을 두려워한다면 결혼은 단념해야 한다. - **체호프**

인생이란 깊은 고독 속에서 삶을 영위하는 것이다. - **헵벨**

혼자 지내는 시간이 많은 사람은 끝내 병이 나고 만다.
- **스타인벡**

우주가 얼마나 큰 것인가를 깨닫게 해주는 것은 거대한 고독 외에는 없다. - **카뮈**

이 세상에 고독 없이는 괴로움도, 영웅적 행위도 없다. - **헤세**

새신랑은 결혼생활로 고독하고, 아버지는 노년에 진입하여 고독하고, 청년은 우정으로 고독하다. 왜냐하면 우리는 자신이 선택한 사람으로부터 선택되는 일이 극히 드물기 때문이다. - **A. 피**

고독을 사랑하는 성격은 확실히 건전하지 못하다. 오늘날 우리가 많은 사람과 접촉을 하면서 고통을 느끼기 때문에 그러한 성격도 관대하게 봐줄 수 있다. 그러나 고독을 사랑하게 되면 사람을 제멋대로 대하기 쉽고, 세상에서 멀어지게 되고, 선을 실천하는 데 있어 게으르게 된다.
- **힐티**

진리와 정의에 봉사하는 사람은 우선 고독 속에서 오래 버틸 각오를 하지 않으면 안 된다. 그러는 동안 자기도 모르게 사람들의 공감을 얻게 되는 것이다.
- **벨시에**

정신적인 고독은 육체의 절제와 같은 것이다. - **보브나르크**

이 세상에 가장 강한 사람은 고독을 견디는 사람이다. - **입센**

나는 고독을 느낄 틈이 없다. 인생은 짧고 할 일은 많기 때문이다.
- **야콥센**

어떠한 것도 고독 없이는 달성할 수 없다. 예전에 나는 나 자신을 위해서 하나의 고독의 방을 만들었다. - **피카소**

고독해서 어떻게 살아갈지 갈피를 못 잡는 사람은, 분주한 군중의 집단 속에서도 분주해서 어떻게 살아가야 할지 모르겠다고 한다.   - **보들레르**

산은 산을 필요로 하지 않는다. 그러나 인간은 인간을 반드시 필요로 한다.   - **스페인 격언**

인생을 조금이라도 인식하는 사람이라면 누구나 제각기 떨어진 영혼의 낯선 고독감을 느끼게 된다.   - **러셀**

모두가 혼자이다. 그 누구도 타인을 알지 못한다. 고로 인생은 고독하다.   - **헤세**

마음을 털어놓을 수 있는 친구가 없는 사람은 자신의 마음을 갉아먹는 사람이다.   - **베이컨**

사람은 확실히 고독을 사랑한다. 그것은 사랑과 우정에서 생성되는 알 수 없는 행복을 고독 속에서 발견하기 때문이며, 마치 별을 찬양하고 싶은 사람이 어두운 곳을 찾는 것과 동일한 것이다.   - **키에르케고르**

인간의 고독은 신의 존재와 관련이 있다. 만약 창조자인 신이 확실히 존재하며, 피조물인 인간이 불안을 느낄 때 확실한 광명의 길을 제시해준다면, 아마도 인간은 고독하지 않으리라. 신이 비춰준 길을 걸어가면 되니까. 그러나 인간이 어떤 행동을 결정하는 데 있어서 신은 아무런 도움도 주지 않는다.

- 사르트르

우리가 세상에 가지고 온 것은 아무것도 없으며, 또한 그 무엇도 가지고 가지 못하리라.   - 신약성서

사회는 가장 깊숙한 고독 속에 존재한다.   - 디즈레일리

우리가 사람들과 사귀는 진짜 이유는 상대가 좋아서가 아니라 고독이 두려워서이다.   - 쇼펜하우어

인간은 어떤 사물에서도 배울 수 있다. 그러나 영감을 얻는 것은 고독 속에서만 가능하다.   - 피테

인간의 가장 큰 고독은 친구가 없는 것이다.   - 베이컨

게으르면 고립되지 말고, 고독하면 부지런해져라.   - 존슨

내가 고독을 절감할 때 나는 전혀 고독하지 않다. - 키에르케고르

한 사람도 아는 이 없는 군중 속을 헤치고 갈 때만큼 강하게 고독을 느낄 때도 없다.   - 괴테

내가 누구보다도 강하게 고독을 느낄 때는 내가 누군가 다른 인간에게 내 정신을 바쳤을 때이다. 그럴 때 서로 함께 할 수 없는 불가능함이 더욱더 명료해진다.   - 모파상

고독을 즐기는 자기 자신, 고독 속에 놓인 자신을 돌아보면 문득 막연하다. 고독을 즐기는 마음이란 대부분 깨끗한 것, 바른 것이 아니면 더러운 것, 비뚤어진 것이다. 강한 사람이 아니면 악한 사람이다.   - 법구경

모든 사람은 고독하다. 고독은 맛이 쓰다. 세월이 흐르는 동안 나아질 때도 있지만 고독은 사람의 일평생을 계속 따라다닌다.
    - 미키 키요시

고독한 생활은 더 여유롭고 자유롭게 지내기 위한 것이다.
- 루터

우울함이란 자기 자신의 생활이나, 사회 생활 속에서 참다운 의미를 발견하지 못했을 때의 마음 상태이다. - 톨스토이

사고하는 인간은 원인과 결과를 물을 때 특히 오류를 범한다. 이 두 가지는 늘 함께 하며 불가분의 관계를 이루고 있으므로, 그것을 인식할 수 있는 사람이 행동에 대하여, 행위에 대하여 정당한 노선에 서 있는 것이다. - 피테

사람은 누구나 인생을 혼자서 살고, 죽음을 혼자서 맞는 법이다.
- 야콥센

자연의 법칙에 따르고 있는 모든 언행은 당신에게 적합한 줄 알라. 다른 사람의 비난으로, 또는 다른 사람의 말에 의해 의심하거나 주저해서는 안 된다. 그러나 사람들은 그들 자신의 독특한 주장을 가지고 있으며, 따라서 그들의 독특한 행동이 여기서 일어나게 된다. 당신은 그것을 염려해서는 안 된다. 오직 당신의 성질과 합치되는 성질에 순응해 나가야 한다. 그렇게 되면 두 갈래의 길은 하나로 합쳐진다. - 아우렐리우스

귀는 고운 소리를 듣고, 눈은 아름다운 빛깔을 본다. 그런데 이 눈과 귀는 밖에 있는 도둑이다. 그리고 마음속에 있는 욕심이나 야심은 안에 숨어 있는 도둑이다. 그러나 우리의 본심이 꿋꿋하다면 그 도둑들은 활동하지 못한다. - **채근담**

나는 혼자 있을 때 고독을 견디기가 힘들다. 하지만 일에 열정적으로 매달려 있을 때는 친구가 싫다. 내가 캔버스와 그림물감을 이처럼 대담하게 주무르는 것은 바로 그 때문이다. 내가 살아 있다는 것을 절감할 수 있는 것은 오직 극도로 긴장하여 일을 하고 있을 때뿐이다. - **고흐**

당신이 잠자리에서 일어나기 싫을 때는 이렇게 생각하라. 즉, 사회적인 행동은 개인의 본성과 일치하지만, 수면은 이성을 갖지 않은 동물에게 공통된 것이라고. - **아우렐리우스**

말은 친절하게 하면서 행동은 원수처럼 하는 이중인격자를 나는 증오한다. - **팔라다스**

누군가 나에게 해주었으면 하는 바 그대로 행하는 것이 타인을 즐겁게 해주는 가장 확실한 방법이다. - **체스터필드**

나는 속지 않을 것이다. 또 나는 순간적인 즐거움을 위해 오랜 세월을 후회하며 보내지도 않을 것이다.　　　　　　　- **몽테뉴**

양심은 인간 본능에서 우러나오는 것이 아니다. 어디까지나 배우고 가르치는 것이다. 교육의 가장 중요한 문제는 불안정한 인간의 양심을 어떻게 키워주느냐에 있다. 그리고 어른들 자신도 양심을 키워나가지 않고는 안정된 마음과 행복한 생활을 누릴 수 없다.　　　　　　　　　　　　　　　　　　　- **굳드**

그럴싸한 말과 행동 사이에는 커다란 차이가 있다. 그 증거로 허풍 떠는 사람치고 행동이 바른 사람은 거의 없다. - **사우스 윌**

당신의 모든 생각, 모든 말, 모든 행동이 지금 이 순간에라도 인생을 떠날 수 있는 사람의 것이 되게 하라.　　　- **아우렐리우스**

확신을 가지고 할 수 있는 것은 매우 적다. 그러나 그것 없이는 아무것도 할 수 없다.　　　　　　　　　　　- **버틀러**

불타는 야심은 젊어서부터 노는 일이나 즐거움을 뿌리치고 자기만을 지배한다.　　　　　　　　　　　　　　- **보브나르그**

비평가는 달리기를 가르치는 다리가 없는 자이다.　　　- 플로크

야심은 하늘을 나는 동시에 땅을 길 줄도 안다.　- 에드먼드 버크

고상한 행동과 따스한 목욕은 의기소침할 때 가장 훌륭한 치료약이 된다.　　　　　　　　　　　　　　　　　　- D. 스미스

근심 걱정을 치료하는 데는 위스키보다 일이 낫다.　　- 에디슨

만일 당신의 행동이 비굴하고 천박하다면, 자랑스러운 기사도 적 기백을 가질 수 없다. 인간의 행동은 어떤 것이건 간에 그의 정신에서 나오기 때문이다.　　　　　　　　　- 데모스테비스

세상의 모든 아름다운 감정을 합친 것이라고 할지라도, 진실한 행동보다 못하다는 것을 모든 사람이 본능적으로 느끼고 있다.
　　　　　　　　　　　　　　　　　　　　　　　- 로얼

행동으로 옮겨지지 않는 생각은 대단한 것이 아니며, 생각하지 않는 행동은 아무 의미가 없다.　　　　　　　　- 베르나노스

생각하면 할수록 언제나 감탄스럽고 경건한 마음을 불러일으키는 것이 두 가지 있다. 하나는 밤하늘에 반짝이는 별들이고, 다른 하나는 가슴속에 빛나는 양심이다.   - **칸트**

인간은 천사도 아니고 짐승도 아니다. 문제는 천사의 행동을 하면 좋을 인간이 짐승의 행동을 한다는 것이다.   - **파스칼**

허영심은 명예가 무엇인가를 가르쳐주고, 양심은 정의가 무엇인가를 가르쳐준다.   - **W.S. 랜더**

양심이란 살아 있는 동안에는 적으로부터 중상을 당하고, 죽은 후에는 친구들로부터 비웃음을 당하는 가히 폭군적인 욕망이다.   - **비너스**

대부분의 어리석은 행동은 얼토당토 않은 사람을 모반하려는 데서 빚어진다.   - **새뮤얼 존슨**

바다보다 웅대한 광경이 있다. 그것은 하늘이다. 하늘보다 웅대한 광경이 있다. 그것은 양심이다.   - **위고**

양심! 양심! 신성한 본능이여, 영원한 하느님의 소리여, 무지하고 옹졸한, 그러나 지성을 가진 자유로운 존재에 대한 확실한 안내자여, 선악에 잘못이 없는 심판자여, 인간으로 하여금 신을 닮게 하려는 자여, 그대야말로 인간 본성의 우수성과 인간 행위의 도덕성을 탄생시키는 자다. **- 루소**

굳은 결심은 가장 유용한 지식이다. **- 나폴레옹**

양심은 현존 사회질서를 개혁하기 위한 적극적인 노력의 회전축이 될 때 비로소 의미가 있다. **- 듀이**

양심에 합치되지 않는 일을 한다는 것은 안전하지도 않고 신중하지도 않다. **- 루터**

행동함에 있어 부주의하지 말며, 말을 함에 있어 혼동되지 말며, 생각하는 데 있어 방황하지 말라. **- 아우렐리우스**

명성을 획득한 예술가들은 그것으로 인해 괴로움을 받는다. 그러므로 그들의 처녀작이 종종 그들의 베스트가 된다. **- 베토벤**

욕망은, 어떤 사람에겐 눈을 멀게 하고, 어떤 사람에겐 눈을 뜨게 만든다.
- 모리아크

명성은 젊은이에게 광채를 주고, 노인에게는 위엄을 가져다준다.
- 에머슨

야심의 유혹에 빠지지 말라! 인간의 내면은 지배욕 외에는 없다.
- 실러

현명하라. 떨어질 만큼 너무 높이 오르지 말라. 그렇지만 일어서기 위해서는 굽혀라.
- P. 매신져

지성인은 자기 자신의 마음으로 자기 자신을 망보는 사람이다.
- 카뮈

터부를 깨뜨리려는 욕망은 무의식적 욕망이라는 형태로 존속한다.
- 프로이트

생각하지 않았던 욕망의 함정은 발버둥치면 칠수록, 화를 내면 낼수록, 그 함정의 입은 더욱더 벌어지는 것이다. **- 대망경세어록**

행복의 원칙은 첫째 어떤 일을 할 것, 둘째 어떤 사람을 사랑할 것, 셋째 어떤 일에 희망을 가질 것. **- 칸트**

행복을 즐겨야 할 시간은 지금이다. 행복을 즐겨야 할 장소도 바로 이곳이다. **- 로버트 잉걸솔**

모두가 행복해질 때까지는 아무도 완전히 행복해질 수 없다.
- H. 스펜서

명언의 지혜

초판 1쇄 인쇄 2016년 1월 5일
초판 1쇄 발행 2016년 1월 10일

엮은이 한소윤
펴낸이 배태수 ___**펴낸곳** 신라출판사
등 록 1975년 5월 23일 제6-0216호
전 화 02)922-4735 ___**팩 스** 02)922-4736
주 소 서울 구로구 중앙로 3길 12 서봉빌딩
그 림 조혜림
북디자인 디자인 디도

ISBN 978-89-7244-135-9   13810
* 잘못된 책은 구입한 곳에서 바꾸어 드립니다.
* 이 책은 〈지혜와 영감을 주는 명언〉 개정판입니다